SILVIA ADELA KOHAN

Escribir en 21 días

Silvia Adela Kohan es filóloga, logopeda y especialista en
técnicas narrativas. Forma parte del grupo Grafein de la
Universidad de Buenos Aires, pionero de los talleres de escritura y del método de las consignas. Es codirectora de
la revista *Escribir y publicar*, y autora de cerca de 50 libros
sobre creación literaria y escritura terapéutica. Organiza
cursos y conferencias a nivel nacional e internacional.

Escribir en 21 días

Escribir en 21 días

Encuentra tu voz y libera tu creatividad

SILVIA ADELA KOHAN

VINTAGE ESPAÑOL

Penguin
Random House
Grupo Editorial

Primera edición: junio de 2021

© 2020, Silvia Adela Kohan
© 2021, Penguin Random House Grupo Editorial USA, LLC
8950 SW 74th Court, Suite 2010
Miami, FL 33156

Diseño de cubierta: Rocío Hidalgo

Impreso en Estados Unidos / *Printed in USA*

ISBN: 978-0-593-31434-0

21 22 23 24 25   10 9 8 7 6 5 4 3 2 1

A MIS HIJAS, VALERIA, ERICA Y KONI-LUISELA,
QUE ME ENSEÑARON LA VERDAD DEL CORAZÓN

CONTENIDO

INTRODUCCIÓN
POR QUÉ ESTE MÉTODO

Cuando alguien me dice que su sueño sería escribir, pero no escribe, o que escribe y se bloquea, inmediatamente le propongo lo siguiente: «Prueba este método infalible: escribe durante siete minutos cada día durante 21 días y verás que fluyes naturalmente». «¿Siete minutos?», se asombra. No obstante, ese asombro es el primer peldaño hacia la iluminación de algo que hasta ese instante parecía imposible.

Ante los resultados obtenidos, llegué a la conclusión de que a todo el mundo le convendría probarlo, ya sea para comenzar una novela o para creer en uno mismo (condición esencial para que la gente crea en ti). Antón Chéjov ya sugería que, si uno quería trabajar en su escritura, antes o paralelamente tenía que trabajar en su vida. A mayor autoconocimiento, mayor capacidad creativa.

Si bien en un principio me planteé difundir este método como activador de ideas, vivencias y claves para la creación literaria, al comprobar que la fusión interior de las dos vertientes (literaria y terapéutica) las retroalimentaba, me dije: «El secreto reside en avanzar en ambas direcciones». Y así lo he planteado.

BASES

En los capítulos 2 y 3 presento las bases del método, los beneficios que se obtienen de él y las instrucciones para llevarlo a la práctica, siguiendo la idea que formuló E. L. Doctorow en una entrevista: «Escribir es como conducir una noche con niebla. Solo ves hasta donde alumbran tus faros, pero puedes hacer todo el viaje así». No es necesario ver adónde vas, ni tu destino, ni lo que pasará durante el trayecto. Solo tienes que ver unos metros por delante de ti.

PRIMERA ETAPA

En el capítulo 4 encontrarás 21 ejercicios para tu práctica de siete minutos diarios, con retos, preguntas y citas de filósofos, psicólogos, artistas, escritores y científicos. La fragmentación dinamiza la creación, la linealidad la frena. Por lo tanto, podrás inventar una nueva forma metodológica: la tuya.

SEGUNDA ETAPA

El capítulo 5 contiene una enriquecedora guía para ampliar los 21 textos resultantes desde dos puntos de vista: uno trabaja el área creativa y el otro, el área terapéutica.

En el capítulo 6 se presentan diferentes pautas y trucos para revisar el material reunido día tras día.

TERCERA ETAPA

El capítulo 7 propone tres variantes de ejercicios para otros períodos de 21 días de escritura. De hecho, es habitual que cada ciclo impulse el siguiente, debido al grado de satisfacción que se alcanza con cada uno. Puedes escoger partir de cero o de una serie de ejercicios insólitos que cuestionan o ponen patas arriba lo establecido, así como otras opciones.

Por último, en el capítulo 8 se ofrecen diversas ideas para armar tu libro con el material recopilado.

En suma, como preparación previa, te aseguras de los beneficios del método y lees las instrucciones para llevarlo a la práctica. En la primera etapa, escribes libremente y a diario durante 21 días, desde los sentimientos, las vísceras o el espíritu. En la segunda, registras desde la observación, amplías tus escritos e indagas en ti. En la tercera, revisas desde la mente y compones tu libro.

A través de los logros de tantos alumnos de distintas edades y nacionalidades, he comprobado y sigo comprobando que los sueños particulares se cumplen.

1

INSTRUCCIONES PARA SACAR EL MEJOR PARTIDO

Escribimos porque intentamos interpretar la vida (para nosotros mismos y para los demás).

En este sentido, los textos que reúnas en estos 21 días pueden funcionar como el material previo o definitivo de una novela o de un libro de relatos, como un diario de meditaciones, como un activador de recuerdos, como una revelación de tu estilo personal o como una exploración de tus sentimientos reales. Pueden ser parte de una novela o de un viaje interior para conocerte mejor. O la indagación sobre tu vida para esa novela. O un libro de poemas. El lenguaje proporciona ideas si te dejas llevar.

Los espacios en blanco que aparecen tras cada ejercicio están destinados a lo que escribas durante los siete minutos propuestos.

Suele ser habitual que quien llega al día 21 desee repetir. Así pues, otra opción es poner en práctica este método en tres períodos de 21 días, con tres o cuatro días de descanso entre ellos.

Los motivos de quienes lo han practicado con éxito son increíblemente variados. A continuación, presento algunos de esos motivos, que plantean metas concretas del oficio, deseos y dudas particulares:

Alfonso: para encontrar el centro temático de su autobiografía.

Mónica: para darle un sentido artístico a sus carencias.

Verónica: para practicar una nueva forma de escribir por fragmentos.

Ester: para iniciar una novela y no abandonarla.

Rafa: para ampliar la vida de su protagonista.

María Julia: para descubrir su estilo.

Amaia: para superar una crisis emocional.

Charo: por su necesidad de reunir recursos para liberarse.

Óscar: para transformar lo autobiográfico en ficción.

Jordi: para escribir artículos más cercanos.

Maite: para que la protagonista de su novela le revelase más cosas sobre ella.

Elisa: para atreverse a decir lo que no había dicho hasta ese momento y encontrar el tono.

Rubén: para encontrar su propio ritmo y averiguar si lo suyo era la poesía o el cuento.

Muchos: para superar su bloqueo. Es común que el placer de escribir se vea cercenado por la parálisis. «Estoy seco», suelen decir, o «atascado», y eso puede llevar a abandonar principios y más principios en un cajón. ¿Qué hacer? Depende de la dificultad surgida. Tal vez, el material desarrollado pide una pausa para madurarlo. Mientras tanto, si es tu caso, el medio más eficaz para superar el bloqueo son las notas diarias y fragmentarias tomadas durante el lapso que te marques en lugar de dejar de escribir.

Con este viaje, se suele llegar a un cruce de caminos totalmente inesperado, literarios o de revelaciones personales.

A todos les abrió puertas. De hecho, el mundo está lleno de puertas y ventanas que no vemos si miramos siempre en la misma dirección.

RECOMENDACIONES
(BENEFICIOSAS PARA TI)

No leas este libro de un tirón. No es un libro más. Es un lugar especial para dejarte ir, liberar ideas que no sabías que habitaban en tu interior, vencer el pudor, crear. Déjate sorprender ante esta nueva propuesta práctica.

Hazlo así:

1. **Escribe cada día durante siete minutos** (número mágico) —ni menos ni más, esto es lo importante— y preferiblemente a la misma hora: de madrugada, por la mañana, al mediodía, por la tarde, por la noche, sin detenerte a pensar durante esos minutos. Las instrucciones son dos:

   1) no levantar el bolígrafo del papel o los dedos del teclado durante ese lapso, y

   2) dar por finalizado el ejercicio al llegar a los siete minutos, aunque desees continuar escribiendo.

   De este modo se produce la tensión necesaria para que surja la verdadera energía creativa. Por otra parte, está comprobado que la práctica más eficaz no es la que propone la libre expresión absoluta, sino la que requiere, a la vez, cierta limitación.

   Te aconsejo que realices los ejercicios en el orden en que aparecen en el capítulo 4. Parte de la primera imagen o idea que te venga a la cabeza y déjate llevar por lo que te transmita, e improvisa durante esos siete minutos sin saber adónde llegarás. Escucha tus palabras y nada más. Por ejemplo, si el ejercicio pide «Escribe sobre lo que escondes en el fondo de tu silencio», no busques entre tus pensamientos un hecho en sí, escribe la primera ocurrencia que aparezca (sin censurarla) —da igual que la hayas experimentado, soñado o inventado— y sigue hasta que se acabe el tiempo.

2. **Antes de empezar a escribir un ejercicio nuevo, no leas NUNCA el texto del día anterior** (y menos aún se lo des a leer a otra persona). Prohibido. Es decir, si empiezas a escribir el día 1, no leerás ninguno de los textos hasta el 22. Aquí hemos seguido una afirmación de Carl Jung. En *El libro rojo*, declara: «Todo lo que podemos obtener en seguida nunca es interesante. La espera sirve para sublimar el deseo y hacerlo más poderoso».

3. **Al día siguiente, vuelve a escribir con la mente vacía,** con igual disposición y con la convicción de que vas a terminar lo que has empezado y de que algo se moverá en tu interior.

4. Tras un máximo de tres períodos de 21 días, llega el gran momento: **lee lo que has escrito con la ayuda de la guía del capítulo 5.** Una vez reunidos los 21 escritos, el día 22 escoges un espacio que te resulte placentero, no hay uno mejor que otro. El mejor es el que cada uno prefiera. Ernst Jünger escribió sus diarios en las mismas trincheras durante la Primera Guerra Mundial. Puede ser la cama, un tren, un bosque, un bar, una playa… Y al final, es muy probable que te sorprendas y te preguntes: «¿Esto lo he escrito yo?».

5. **Corrige los textos** con las pautas de los capítulos 6 («21 claves esenciales del oficio») y 8 («Ideas para armar tu libro»). Saca partido de ellas, revisa el conjunto y aplícalas según tus fines literarios.

6. En el capítulo 7 encontrarás variantes **para escribir otras tres series de 21 días**, con un descanso de unos tres o cuatro días entre cada tanda.

Un dato que hay que tener en cuenta: Fred Vargas dice que escribe sus novelas en 21 días y las corrige en 60.

Otro dato: Robert Louis Stevenson escribió cada capítulo de *La isla del tesoro* en un lapso aproximado de quince minutos. Durante unas vacaciones, escribió el primer capítulo mientras su hijastro pintaba sobre un papel el mapa de una isla en la que imaginó un tesoro enterrado, y siguió como una rutina más de las vacaciones. Cada día escribía un nuevo capítulo, se lo leía en voz alta a su familia y ellos hacían comentarios y propuestas.

Otro dato: Georges Simenon creaba una novela en una semana. Tenía guías telefónicas de las principales ciudades del mundo y, cuando necesitaba un personaje, tomaba la guía y elegía un apellido y un nombre. Lo apuntaba en un sobre, lo repetía muchas veces, paseaba imaginando a sus padres, su abuela y sus maestros, e incluso se aprendía su número de teléfono. Entonces se preguntaba qué acontecimiento podría cambiar su vida y, tan pronto como lo encontraba, ya tenía el primer capítulo de la nueva novela. A partir de ahí, el personaje era lo más importante, quien llevaba el mando. «Solo me entero del final cuando acabo», decía.

Otro dato lo aporta William Faulkner, que explicó en una entrevista: «Para *Mientras agonizo* disponía de todo el material. Compuse la obra en unas seis frenéticas semanas, durante el tiempo libre que me dejaba mi trabajo manual de doce horas al día. Sencillamente me imaginé un grupo de personas y las sometí a catástrofes naturales universales, como la inundación y el fuego».

OTROS BENEFICIOS

El beneficio total proviene de las metas parciales. La confianza que transmiten los 21 textos estimula la creatividad y facilita el camino hacia la gran meta final. Son fragmentos como los de un diario íntimo o las anotaciones de una agenda, que se realizan con libertad. En consecuencia, te permiten perfilar tu propia voz, necesaria tanto para la creación literaria como para la escritura terapéutica.

De hecho, lo que se suele llamar inspiración, ese súbito chispazo, no es sino el resultado de algo que estaba rondando en tu interior. La creencia de que la inspiración «llega» conduce a un estado de pasividad: esperamos la repentina aparición de la mejor idea, como se espera a Godot, personaje que nunca llega en la obra de Samuel Beckett. La pasividad lleva al bloqueo.

En cambio, la ventaja de acumular textos distintos durante un tiempo limitado permite estar en movimiento y crear, de forma tal que llega un momento en el que se atisba no solo la idea, sino también su desarrollo, y poco a poco se iluminan las sombras.

Siempre recomiendo, tanto de entrada como en algunas fases de la elaboración de un libro, escribir fragmentos autónomos —una escena, una reflexión, una imagen, un detalle— en lugar de avanzar de modo cronológico, algo que generalmente desemboca en bloqueo. Los fragmentos admiten variaciones, responden al juego, al rompecabezas. Precisamente, este método es ideal para seguir esta recomendación, puesto que te obliga a continuar avanzando.

Por otro lado, la prohibición de leer lo que has escrito el día anterior tiene dos ventajas: por una parte, te evita la tentación de corregirlo «en caliente»; por otra, te proporciona la distancia suficiente para desdoblarte y convertirte en un lector objetivo, que es lo ideal para evaluar tu propia producción.

Los propósitos de crear y ocuparse de uno mismo, ejes vertebradores de este libro, están íntimamente relacionados. Las dos direcciones en que puedes llevar a cabo esta práctica te permiten escucharte para escribir y escribir para escucharte.

De hecho, uno de sus pilares es un axioma de la neurociencia, la regla de Donald O. Hebb, según la cual, al estar la conducta y el sistema nervioso relacionados, la práctica diaria de una situación da lugar al hábito y puede cambiar la plasticidad del cerebro y predisponer el circuito neuronal. Asimismo, dicha práctica también estimula la constancia, componente esencial del talento. Dicho de otro modo, disuelve los bloqueos y te estimula a escribir como un acto de vida.

Estoy convencida de que todo el mundo debería escribir. Si lo haces sin frenos, se te revelan parcelas desconocidas de tu propia biografía, con las que nutrirás tu voz, tu estilo, tu tema. Tanto si creas desde cero la novela de tu vida como si ya tienes pensado todo el argumento, tu creatividad no tiene principio ni fin; el secreto es despertarla, respetar los impulsos naturales y alcanzar tu esencia. Por consiguiente, esta rutina de escritura te conduce a la introspección, funciona como un oráculo interior y te permite crear con mayor libertad.

2

SECRETOS
Y CONDICIONES

Es sabido que nos impulsan más las actitudes y las creencias que los instintos. Así pues, para nuestra práctica aquellas son factores determinantes del éxito: debes confiar en que llegarás a buen puerto. «No suelen ser nuestras ideas las que nos hacen optimistas o pesimistas, sino que es nuestro talante optimista o pesimista el que hace nuestras ideas», afirmaba Miguel de Unamuno en su obra *Del sentimiento trágico de la vida*.

DEJARSE FLUIR ES EL SECRETO

Ten en cuenta que fluir no es escribir mucho, como creen algunas personas cuando les sugiero que lo hagan, sino escribir con naturalidad.

En principio, escribir esporádicamente entorpece la fluidez. Es como salir a correr: si no lo haces con frecuencia, te faltará soltura, mientras que si corres durante varias horas en un mismo día, ejercerás una presión muscular excesiva. No puedes salir a correr solo media hora a la semana, pero tampoco correr en un día lo que deberías hacer en una semana completa.

Fluir es divagar durante los siete minutos destinados al ejercicio. Es admitir las palabras como vienen y espantar las dudas como si fueran moscas, es adentrarse en una zona real e irreal a la vez.

Un caso especial

Dean Koontz es un autor americano de thrillers a quien la fluidez le activa la intuición. Increíblemente, en 1981 publicó *Los ojos de la oscuridad*, la historia de un virus llamado Wuhan-400 que era «el arma perfecta». Serendipia o sincronía histórica, no se sabe, pero en una entrevista explicó que, mientras estaba trabajando en una novela, «entró en su cabeza» este mensaje: «Me llamo Odd Thomas. Llevo una vida inusual». Y añadió: «Fue como escuchar a alguien hablar, lo reconocí como el inicio de una historia. Anoté esta frase en un bloc de notas amarillo con rayas que tengo. Y aunque jamás escribo a mano porque luego me cuesta entender lo que he escrito, lo hice durante horas y horas. Cuando me detuve, había acabado el primer capítulo de *Odd Thomas*. Supe que iba a ser una serie, a pesar de que nunca había escrito ninguna antes. Y durante mucho tiempo me pregunté: "¿De dónde vino este personaje?". Todavía no lo sé. Pero escribí ocho libros sobre Odd Thomas».

Koontz afirmó lo siguiente acerca de su proceso: «Solía escribir a partir de unas pinceladas. Pero cuando comencé a escribir *Extraños*, que terminó teniendo numerosos personajes y aproximadamente un cuarto de millón de palabras, decidí no hacer ningún esbozo y empecé con una premisa y un par de personajes interesantes. Creo que fue una elección acertada. Ya no he vuelto a escribir a partir de pinceladas. Suelo partir de una breve idea, un tema central, un argumento, pienso en ello durante unos días, y luego me pongo a escribir. Si el personaje no funciona en las primeras veinte páginas, es mejor que salga de la narración. En cambio, si cobra vida, dejo que sea él quien guíe la historia. Les doy a mis personajes voluntad propia tal como Dios nos dio a nosotros, y van a lugares adonde nunca pensaría enviarlos. A veces, con Odd Thomas dejaba de escribir porque algo me decía que la idea en que estaba trabajando no iba a funcionar, pero luego recordaba que el personaje tenía voluntad propia y que allí adonde me llevaban siempre funcionaba a la perfección. Cuando hablo con los nuevos escritores sobre esto, me miran desconcertados: ellos quieren hacer esquemas y estudios de personajes, pero yo les pido que comiencen con un personaje que tenga algún rasgo intrigante, algo que lo distinga, y que luego dejen que el mismo personaje les cuente su historia. Si das a un personaje voluntad propia, este se vuelve más rico e interesante, y tendrá más niveles. A veces tengo decididos los puntos principales del final o del centro de la trama o alguna escena fundamental, pero generalmente no sé mucho».

Esto sugiere la conveniencia de prestar especial atención a los pensamientos inesperados que ocupan de pronto nuestra mente, atrapar los que podrían ser una advertencia o una premonición y escuchar a nuestro protagonista sin interrumpirlo y sin querer controlarlo.

QUÉ TE APORTA DEDICAR SIETE MINUTOS AL DÍA A LA ESCRITURA

- **Ingresar a tu interior.** El mundo te habla al oído, pero tú, absorbido por la vorágine del día a día, eres incapaz de escucharlo. Este método te obliga a acallar la mente para oír lo más recóndito de tu interior y escuchar la «voz del silencio».
- **Sentir.** Tal como le dijo Ernest Hemingway a Arnold Samuelson en el artículo «Monólogo al Maestro: una carta de alta mar», un aspirante a escritor: «Cuando empiezas a escribir, toda la emoción es para ti y el lector no percibe nada, pero aprenderás que tu objetivo es que el lector lo recuerde, no como una historia que ha leído, sino como algo que le ha ocurrido. Esa es la verdadera prueba de la escritura».
- **Sorprenderte.** El resultado inesperado es lo que lleva al descubrimiento. Por eso, la mente preparada ha de estar también dispuesta a sorprenderse.

- **Revelarte.** Olvídate de cómo lo hace tu escritor preferido o salir de tu zona de confort te hace consciente de lo que te interesa realmente a ti.
- **Sentir bien.** Para escribir bien, hay que sentir bien. Me refiero a conectar con la verdad de las emociones, no al sentimentalismo. Uno de los secretos es responder a tu deseo más profundo. Hay que fiarse menos de la mente y más del corazón. Reflexionar es conveniente, pero más importante es saber qué sientes acerca de lo que piensas. De hecho, las emociones te permiten indagar en ti, conocerte más, perfilar tu personalidad.
- **Tener confianza.** Reconoce tu potencial y tus limitaciones, date permiso para ello. Confía en que conseguirás tus objetivos. Ken Follett no tenía la menor duda de que vendería millones de libros; probablemente esa confianza fue lo que le llevó a aprovechar todas las oportunidades que se le presentaron hasta conseguirlo. Otra escritora de éxito, Amélie Nothomb, confesó en una entrevista: «De niña, ¿qué quería ser de mayor? Primero quise ser Dios, empecé con la megalomanía más extrema; cuando supe que no lo conseguiría, quise convertirme en mártir, y eso funcionó muy bien. Luego tuve un par de narices y, habiendo tantos y tan buenos escritores, me dije: "El escritor seré yo"».
- **Liberarte interiormente.** Atrévete a contar un secreto. El pudor es enemigo de la creación.
- **Tener la mejor actitud.** Escribe con la convicción de que lo que narras no lo ha escrito nadie antes.
- **Activar la intuición.** Tienes que saber algo sin precisar por qué lo sabes. Es como si el germen de una idea estuviese flotando en el aire esperando a que sea descubierta. Es saber que la respuesta está ante nosotros, si bien necesitamos ese destello (proveniente de la intuición) para verlo todo claro de repente y conectar entre sí ideas que aparentemente no tenían relación alguna.

- **Acertar.** Muchos estudiosos han fracasado no porque se movieran en la dirección equivocada, sino más bien porque no se atrevieron a ir lo suficientemente lejos.

Todo esto y más es lo que se consigue cuando uno se deja llevar por la escritura espontánea.

LAS MEJORES CONDICIONES

¿Los mejores horarios?

El único requisito es escribir cada día. El horario también dependerá de cada uno. Victor Hugo se levantaba a las siete y se ponía a escribir la idea que había concebido el día anterior durante su paseo vespertino. Jules Michelet se levantaba al amanecer y se acostaba pronto, y antes de conciliar el sueño revisaba los hechos principales del capítulo que debía escribir al día siguiente. Alejandro Dumas, padre, trabajaba desde que se levantaba hasta la hora de comer. Darwin trabajaba tres horas cada mañana. Charles-Édouard Brown-Séquard se acostaba a las ocho de la noche y se ponía a trabajar a las dos de la madrugada. Émile Zola trabajaba con regularidad por la mañana, mientras que por la tarde buscaba documentación y componía. Dostoyevski sufría de manía persecutoria y tenía miedo a la oscuridad, por lo que de noche escribía paseando de un lado a otro de la habitación de forma compulsiva. Scott Fitzgerald, durante su estancia en París, escribía desde las siete de la tarde hasta la madrugada, salvo las noches que recorría los cafés junto a Zelda. Truman Capote escribía durante cuatro horas al día y hacía dos versiones manuscritas a lápiz antes de mecanografiar una copia definitiva, pues era muy supersticioso. Otras manías que tenía eran escribir en la cama, no dejar más de tres colillas en el mismo cenicero (por lo que llenaba sus bolsillos con las colillas de más) y sumar números en su cabeza de forma compulsiva. Isaac Asimov trabajaba ocho horas al día los siete días de la semana, de forma que lograba una media de unas treinta y siete páginas diarias. Haruki Murakami se levanta a las cuatro de la madrugada, trabaja seis horas, y por la tarde corre diez kilómetros o nada mil quinientos metros, lee, escucha música y se acuesta a las nueve de la noche.

¿Hábitos?

Henry Miller consideraba la incomodidad como la mejor situación para escribir. Durante una época de su vida, a Raymond Carver le gustaba escribir en el coche. Umberto Eco usaba dos herramientas, la caligrafía y el ordenador, pero no indistintamente, sino con arreglo a un estado de ánimo o una situación. Tienes que encontrar tu propio hábito.

¿Rituales?

Isabel Allende, cuando se pone a escribir, enciende una vela; una vez que esta se apaga, deja de hacerlo, esté en el punto donde esté. Asimismo, empieza siempre sus novelas un 8 de enero. Pablo Neruda usaba tinta verde. John Steinbeck era un fanático de los lápices redondos, que utilizaba para evitar clavarse aristas. Gabriel García Márquez escribía con una flor amarilla en su escritorio, descalzo y a una determinada temperatura en la habitación. Hemingway guardaba sus amuletos de la suerte en el bolsillo derecho (una castaña de Indias y una pata de conejo raída) y bebía absenta. Marguerite Duras no podía escribir sin haber hecho la cama.

¿El mejor lugar?

Agatha Christie tenía la costumbre de cambiar continuamente de lugar: diferentes habitaciones de su casa, cafeterías, trenes, hoteles… Se mantenía en movimiento y, cuando le llegaba la inspiración, se ponía a escribir. Alice Munro, que era madre y ama de casa, aprovechaba los ratos libres para escribir en su habitación. Jonathan Franzen se encerraba en su estudio de

Harlem con las luces apagadas y las persianas bajadas, sentado frente al ordenador, con orejeras y tapones para los oídos y los ojos vendados.

¿En soledad o en medio del ruido?

Tanto estas posibilidades como otras son válidas. El cuñado de Charles Dickens explicaba que una tarde en Doughty Street, mientras la señora Dickens, su esposa y él conversaban, apareció el escritor: «"¿Vosotros aquí? —preguntó—. Estupendo, ahora mismo me traigo el trabajo"». Poco después regresó con el manuscrito de *Oliver Twist* y, mientras hablaba, se sentó a una mesita, nos rogó que siguiéramos con la charla y reanudó la escritura, muy deprisa. De vez en cuando él también intervenía en nuestras bromas, pero sin dejar de mover la pluma, y luego volvía a sus papeles, en medio de los personajes que estaba describiendo». Sartre también necesitaba el ruido acompañado de tabaco y alcohol. En cambio, Stendhal encontraba sosiego leyendo el Código Penal napoleónico.

Ya ves que todo vale. Incluso si necesitas un ambiente sereno para escribir y no lo consigues, Muriel Spark aconseja lo siguiente en *Muy lejos de Kensington*: «Adopta un gato. Invariablemente, se subirá a tu mesa y se colocará bajo la lámpara. La luz de la lámpara le proporciona una gran satisfacción. El gato se acomodará y permanecerá sereno. Y te contagiará gradualmente su calma, de manera que tu mente recuperará el autocontrol perdido. No necesitas mirar al gato todo el tiempo. Su presencia es suficiente. El efecto del gato en tu concentración es remarcable y muy misterioso».

¿Propósitos?

Si tu propósito es escribir una novela, puedes practicar el método de escribir durante 21 días, cada día para un capítulo distinto, y al final tendrás material para 21 capítulos. En cualquier caso, y en general, escribir cada día es mucho más eficaz que hacerlo solo de vez en cuando. Tampoco es conveniente pasarse todo un día escribiendo y no volver a hacerlo hasta una semana más tarde. Hemingway comparaba a los escritores con los pozos y afirmaba que existen tantas clases de pozos como de escritores. Por ello, decía que lo importante es tener buena agua en el pozo y extraer de él una cantidad regularmente, en lugar de dejarlo seco de una vez y esperar que vuelva a llenarse. En este sentido, proponía interrumpir la escritura para dejar algo que decir para el día siguiente. El método descrito en este libro responde a esta idea. Pero recuerda que al retomar la escritura al día siguiente está prohibido leer lo escrito el día anterior para que no te influya ni te interrumpa el nuevo ejercicio.

LA META ES:

- Practicar ejercicios espontáneos que te permitan sacar fuera lo que guardas en tu interior.

- Practicar ejercicios insólitos que te descoloquen (que te sitúen fuera de lo habitual o lo conocido).

3

PILARES PARA UN VIAJE LITERARIO DE TRES SEMANAS

El estilo es la expresión de tu personalidad. Deja que asome tu propia voz sin interferencias. Abandona el pudor. Escribe lo que sientes y siente lo que escribes. Escribe por compulsión y créete lo que inventas.

De hecho, es un entrenamiento en un tiempo pautado para escribir un texto libre: frente a la tiranía del tiempo, la libertad del texto.

Concebí este libro con varios propósitos generales:

- que fuera un libro novedoso y rompedor, tanto por las citas como por la práctica;
- que en pocos días te permita dar con tu voz propia y «ver el libro en su conjunto»;
- que funcione como un amplificador de tus emociones y de tus decisiones y actos, y
- que te resulte una experiencia inesperada, por momentos insólita, siempre estimulante.

Más concretamente, en cuanto a la creación literaria, el objetivo es que escribas una buena novela y experimentes «lo impredecible» como escritor. De ese modo también se lo harás experimentar al lector.

Desde el punto de vista personal, este método te permitirá:

- reunir un material proveniente de tu zona emocional;
- reconocer la energía creativa que hay en ti, acotarla y dejar de compararte con los demás;

- en consecuencia, cambiar tu actitud frente al texto y frente a la vida;
- trazar los posibles caminos y reconocer el valor de lo inesperado, y
- sacar a la luz tu voz propia.

Debes conquistar al escritor o la escritora que llevas dentro. Gracias al tiempo límite de 7 minutos, cuando eliges un tema, olvidas lo que otros dijeron sobre este, conectas con tu interior (tu forma particular de pensar, tus deseos, tus inquietudes), que es el filtro por el que debe pasar el material.

Y, por supuesto, este método te servirá para superar definitivamente el molesto bloqueo (lo compruebo a menudo en mis talleres) y dejarse ir con naturalidad. Al dejarte ir, despides al censor interno y desaparece la autocrítica (una de las causas del bloqueo). Pasas de la parálisis a la acción.

DA UN PASO MÁS ALLÁ

No te sientas limitado por lo real. Trastócalo. Traspásalo. Créete lo que inventas, cree que esa gaviota que ves frente a tu ventana es la misma cada día, mírala fijamente hasta que percibas que te habla y cuéntalo como si estuviera ocurriendo. De eso también sabe mucho Murakami, que en una entrevista afirmaba que «todos vivimos en una especie de jaula que puede ser de oro y hermosa, pero es la jaula que supone ser solo uno mismo», y ha hecho de la literatura un modo para burlar ese encierro. Por otra parte, señala que «la vida es misteriosa y quizá ciertas cosas que cuento resulten extrañas para otros, pero son naturales para mí. Que un espíritu tome la forma de la figura de un cuadro o que haya personajes cuyas sombras se desdoblen son ideas habituales en mi vida, metafóricamente hablando. Como narrador pienso a nivel del relato; todo puede pasar». Eso sí, recalca que para él «escribir no es un trabajo liviano; escribo con la sensación física de darlo todo; administro mi energía como el aire en los maratones e intento ofrecer siempre algo nuevo».

Por consiguiente:

1. Adapta la realidad a ti

Al dar un paso más allá, alcanzarás el tesoro que se esconde en tu interior.

La persona creativa no se adapta a la realidad, sino que adapta la realidad a su circunstancia, como el protagonista de una anécdota inventada que el escritor Ricardo Piglia nos explicó en la Universidad de Buenos Aires: «Resulta que tanto él como su mujer nunca madrugaban, pero un día el médico lo citó a las siete de la mañana y tuvo que madrugar. Entonces, vio que había personas en todas partes, en la calle, en el autobús, en la sala de espera, de modo que a su regreso despertó a su mujer y le dijo: "No te imaginas, Amelia, la cantidad de gente que se levanta de madrugada para ir al médico"».

Escribe tus ocurrencias espontáneas, aunque te parezcan disparates, extravagancias o fantasías alejadas de la realidad. Haz como Julio Cortázar, entre otros, que supo amoldar las palabras a sus propósitos narrativos y utilizó como antónimos palabras que en la realidad no lo son: *camiones* y *ciclistas*, enfrentados por su tamaño, o «los famas son buenos y las esperanzas bobas» en su libro *Historias de cronopios y de famas*, del que este breve cuento es la muestra:

Cuando los cronopios cantan sus canciones preferidas, se entusiasman de tal manera que con frecuencia se dejan atropellar por camiones y ciclistas, se caen por la ventana, y pierden lo que llevaban en los bolsillos y hasta la cuenta de los días.

Cuando un cronopio canta, las esperanzas y los famas acuden a escucharlo aunque no comprenden mucho su arrebato y en general se muestran algo escandalizados. En medio del corro el cronopio levanta sus bracitos como si sostuviera el sol, como si el cielo fuera una bandeja y el sol la cabeza del Bautista, de modo que la canción del cronopio es Salomé desnuda danzando para los famas y las esperanzas que están ahí boquiabiertos y preguntándose si el señor cura, si las conveniencias. Pero como en el fondo son buenos (los famas son buenos y las esperanzas bobas), acaban aplaudiendo al cronopio, que se recobra sobresaltado, mira en torno y se pone también a aplaudir, pobrecito.

2. Inventa lo real

Bram Stoker jamás estuvo en Rumanía. Para describir la región de Transilvania, se valió de una antigua guía turística y de las conversaciones que mantuvo con un extravagante profesor magiar. Así consiguió una descripción minuciosa del país de origen del conde Drácula. De modo que, cuando los turistas cruzan el paso del Borgo —uno de los sitios de la novela—, creen repetir el itinerario descrito y suponen que el autor lo conocía bien.

3. Capta lo particular

A pesar de todo, si visitas los lugares sobre los que escribes y pasas un tiempo con la gente de allí, extrae lo que te llame la atención en lugar de ceñirte a los tópicos. Ten en cuenta que el lenguaje y la imaginación están siempre en movimiento, y te proponen nuevas combinaciones y asociaciones.

4

21 EJERCICIOS PARA REUNIR EL MATERIAL

Si bien estos ejercicios te impulsan, debes dejar que los temas salgan por sí solos. Sin anticiparte, escribe lo que surja de tu interior aunque creas que haces trampas o no respondes a la consigna. Escribas lo que escribas, siempre estarás siguiendo la consigna simplemente por el hecho de haberla leído; será tu inconsciente el que te dará las directivas.

DÍA 1. DE LAS MINUCIAS

MENSAJE DE HOY

Coloca seis pétalos de rosa debajo de tu almohada
y llegarán las palabras que desaparecieron.

EJERCICIO

Cuenta algo aparentemente insignificante que te haya sucedido en estos días y mira adónde te lleva.

IDEARIO

No hace falta recurrir a un hecho espectacular para que el texto resulte interesante. Repara en una minucia. Lo esencial suele arrancar con algo mínimo, aparentemente insignificante. Creo que fue Faulkner quien dijo que, si se quería hablar de una mosca, había que mirarla durante mucho tiempo, hasta que esa mosca se convirtiera en única. En literatura, todas las moscas son únicas.

DÍA 2. DE TU EXPERIENCIA VIVIDA

EJERCICIO

Escribe tu autobiografía empezando por el final.

IDEARIO

Tu autobiografía es la vida que has tenido y la que no has tenido y te hubiera gustado tener. Son los hechos vividos y los que están teñidos por la añoranza de algo que no pudo ser. El pasado de tu vida llega hasta el día de ayer.

Empezar por el final es una manera de mirar y mirarte desde un ángulo novedoso desde el que nunca te has observado, desde otro lado de ti, desde el reverso. El reverso también puedes verlo en esta canción, «Carta de un león a otro», de Juan Carlos Baglietto, en la que un león habla de los seres humanos:

> Perdona, hermano mío, si te digo
> que ganas de escribirte no he tenido.
> No sé si es el encierro,
> no sé si es la comida,
> o el tiempo que ya llevo
> en esta vida.
> Lo cierto es que el zoológico deprime
> y el mal no se redime sin cariño.
> Si no es por esos niños
> que acercan su alegría
> sería más amargo todavía.
> A ti te irá mejor, espero,
> viajando por el mundo entero.

Aunque el domador, según me cuentas,
te obligue a trabajar más de la cuenta.
Tú tienes que entender, hermano,
que el alma tienen de villano,
al no poder mandar a quien quisieran
descargan su poder sobre las fieras.
Muchos humanos son importantes,
silla mediante, látigo en mano.
Pero volviendo a mí, nada ha cambiado.
Aquí, desde que fuimos separados.
Hay algo, sin embargo,
que noto entre la gente.
Parece que miraran diferente…

DÍA 3. DE LAS PALABRAS

EJERCICIO

Escribe tres palabras distintas que te surjan espontáneamente. Después, escribe tu primera ocurrencia junto a cada palabra (no una definición de esta).

IDEARIO

Dijo Rudyard Kipling en un discurso en 1923 en el Real Colegio de Cirujanos de Londres lo siguiente: «Las palabras constituyen la droga más potente utilizada por la humanidad». Entonces ajusta las palabras hasta alcanzar las más cercanas a tus sentimientos.

Algo más: las palabras son como azadas que te permiten profundizar en tu túnel interno y abrir huecos de luz.

Piensa en esto: ¿es igual lo que sientes frente a algo, antes y después de nombrarlo?

DÍA 4. DE UNA ESCENA

EJERCICIO

Muestra una escena que contenga una puerta cerrada y relata qué hay detrás de esa puerta cerrada.

IDEARIO

Una escena debería contener detalles peculiares que más adelante puedas retomar.

Manuel Rivas dijo en una entrevista que, para él, los soldados cuentan mejor la guerra que los generales. Además, en su opinión, una escena en la que se escucha música clásica desde el interior de una casa mientras una persona tiende la ropa tiene mayor fuerza que esa misma música interpretada en una sala de conciertos.

Y Pedro Zarraluki nos contó, en un encuentro de mis Talleres de Escritura Grafein de Barcelona, el momento en el que se sintió dentro del escenario de su novela *Un encargo difícil*: «En la cantina, cuando por la tarde volvía de mis excursiones y el cantinero me ponía una cerveza en el emparrado aquel que sale en la novela, ya sentía que ese y no otro era el escenario donde iba a situar aquella historia que deseaba escribir. Pero me ocurrió algo determinante: saqué dos carretes de fotos buscando ambientaciones, con una cámara normal no digital, y cuando llegué a Barcelona y los llevé a revelar, se estropeó la máquina y se perdieron los negativos. Entonces también supe que debía trabajar directamente con lo que había registrado en mi memoria».

DÍA 5. DE TU PROTAGONISTA Y OTROS PERSONAJES

MENSAJE DE HOY

El silencio te protege de los peligros de la palabra apresurada.

EJERCICIO

Imagina qué personaje te gustaría ser en una novela y habla de él o de ella.

IDEARIO

Una reflexión de Ángeles Mastretta extraída de una entrevista: «Yo creo que los personajes se crean dentro de uno, mucho antes de que uno se atreva a contarlos. A veces, irrumpen sin más a media tarde y convierten todo en una feria de lo desconocido. ¿De dónde salió esta mujer? ¿De dónde este hombre solitario? ¿De dónde este padre entrañable? ¿De dónde esta vendedora? ¿De dónde el encantador viejo que adivina las cosas? No sé. De algún lugar entre los sueños y la esperanza, de un recóndito abismo que se guarda nuestros secretos y los pone de pronto sobre la mesa. Yo veo a los personajes y los oigo desde antes de escribirlos; sin embargo, mientras los escribo veo cómo se convierten en seres vivos, con los que soy capaz de dormir y a los que recurro mucho tiempo después cuando necesito consuelo y quiero reírme, o me urge alguien con quien echarme a llorar. Cuando termino una novela, extraño a los personajes que dejé ahí».

DÍA 6. DE LAS PREGUNTAS CREATIVAS

El arte te compensa por lo que el mundo real no te da.

EJERCICIO

Responde: ¿qué te arriesgarías a hacer que aún no has hecho?

IDEARIO

Escribe lo que te acosa mentalmente. La escritura permite dar salida a los fantasmas que moran en nuestra mente y en nuestra conciencia.

DÍA 7. DE LOS SILENCIOS

MENSAJE DE HOY
El bloqueo es imaginario, se puede transformar,
desintegrarlo y hacer otras cosas con los fragmentos.

EJERCICIO
Escribe sobre lo que escondes en el fondo de tu silencio.

IDEARIO
El silencio contiene tu mundo más auténtico y el más íntimo. Es la pausa preparatoria de una idea. Es el lugar que resguarda tu identidad como un tesoro. Los secretos se guardan en silencio.

Gabriel Celaya lo expresa así en su poema «Epílogo»:

> Y al fin reina el silencio.
> Pues siempre, aún sin quererlo,
> guardamos un secreto.

DÍA 8. DE UN CONFLICTO

El ayer ya pasó y el mañana es todavía incierto.

EJERCICIO

Cuenta un problema o un conflicto de cualquier tipo y de cualquier momento de tu vida, con la idea de que solo lo leerás tú.

IDEARIO

Escribe lo que te es difícil de aceptar y simplemente acabarás aceptando porque descubrirás un sendero por donde avanzar. En el riesgo radica a veces el secreto del éxito o del fracaso, y el riesgo es lo que hace que uno se sienta vivo. No arriesgarte es quedarte en la sombra, amarrado al conflicto y al temor. Casi nada de lo que uno escribe carece de conflicto, en cualquier nivel. El personaje suele estar en contradicción con algo. Siempre tiene que haber una fuerza adversa a lo que él o ella piensa, hace, desea.

DÍA 9. DE LAS CONJETURAS

EJERCICIO

Haz una conjetura sobre algo que te interese investigar o te preocupe. Puedes usar el recurso de «qué pasaría si...».

IDEARIO

Stephen King, en *Mientras escribo*, aconseja empezar por lo que se conoce, aunque advierte, no obstante, que no es aconsejable tomarlo como norma, ya que puede convertirse en un cerrojo para la imaginación. Por consiguiente, también recomienda «practicar el "qué pasaría si..." y formular las preguntas más descabelladas». Así escribió muchas de sus novelas. «Por ejemplo, ¿qué pasa si deseo escribir sobre colonias extraterrestres o si en la historia debo incluir a un psicópata que cree que Dios le ha ordenado exterminar la humanidad para impulsar el comienzo de una nueva era?».

DÍA 10. DEL MONÓLOGO INTERIOR

MENSAJE DE HOY
Deja de ver siempre el mismo programa
en tu televisor emocional.

EJERCICIO

Escribe el monólogo interior de un personaje que duda entre irse de un lugar o una situación o quedarse.

IDEARIO

En el monólogo interior el énfasis está puesto en la intimidad, los pensamientos y las sensaciones del yo. Podría ser el relato interior que te cuentas o se cuenta tu personaje en distintos momentos.

DÍA 11. DEL INTERLOCUTOR

EJERCICIO
Escríbele a un interlocutor lo que quieres decirle pero hasta ahora no has podido hacerlo o no te has atrevido.

IDEARIO
Georges Simenon empezó a contarle a su hijo la historia de la familia a partir del árbol genealógico cuando un médico le anunció que se iba a morir en dos años.

DÍA 12. DE LOS OBSTÁCULOS

Aunque la lluvia se haga esperar,
al final del verano podrás recoger una buena cosecha.

EJERCICIO
Desarrolla un texto a partir de este dicho popular: «No hay mal que por bien no venga».

IDEARIO
Muchas veces un obstáculo hace que aprendamos cosas nuevas o nos conduce al cambio. Otras veces activa nuestro ingenio.

DÍA 13. DE LA COMPARACIÓN

Nadie se salva solo, el que hoy te ayuda es un ángel invisible.

EJERCICIO
Compara dos noches vividas por ti.

IDEARIO
Es posible que una comparación nos permita darnos cuenta de ciertos momentos que teníamos olvidados o a los que, si los teníamos presentes, no dábamos importancia. Señala T. S. Eliot en el ensayo «Hamlet y sus problemas», recogido en *El bosque sagrado*: «La única manera de expresar una emoción en forma de arte es encontrar un elemento comparativo o "correlato objetivo"; en otras palabras, una serie de objetos, una situación, una cadena de acontecimientos que pueda constituir la fórmula para expresar esa emoción concreta».

DÍA 14. DEL MOTIVO TEMÁTICO

De ti depende separar lo importante de lo imprescindible
y ver qué hay detrás de los reflejos.

EJERCICIO

Escoge un motivo temático de tu infancia (tu primer recuerdo) y escribe tus asociaciones libres en torno a él (el gesto de una persona, un lugar, una comida, una joya, etc.).

IDEARIO

A menudo, los primeros recuerdos personales son buenos detonantes. El primer recuerdo de Rubén Darío es que se perdió y lo encontraron debajo de las patas de una vaca. El de Paul Bowles es el extrañamiento que experimentó al pronunciar la palabra *tarro* mientras observaba un tarro en una vitrina. No sabemos si mienten y los recuerdos que explican son inventados. Sin embargo, puede que ellos mismos se los crean porque los necesitan para la construcción de su mundo imaginario.

DÍA 15. DEL TIEMPO

MENSAJE DE HOY

Planta tu propio jardín y decora tu propia alma,
en vez de esperar que alguien te traiga flores.

JORGE LUIS BORGES

EJERCICIO

Escribe la página de un diario fechado de la siguiente manera:

26 de enero
7 de mayo
16 de junio
31 de diciembre

IDEARIO

Lev Tolstói tenía tres diarios: uno que dejaba leer a su esposa, otro que quería que publicaran después de su muerte, y otro que no dejaba ver a nadie y que llevaba siempre escondido entre su ropa.

Hay diarios de pensamientos, de emociones, de observaciones peculiares, de sueños, de artista y muchos más.

En sus noches de insomnio, en el cuarto cerrado del que acabó por no salir nunca, Emily Dickinson corregía sus poemas de manera incesante y escribía cartas y su diario a la luz de una vela. Los *Diarios* de John Cheever giran en torno a un secreto siempre presente, pero no revelado. A César Aira, el diario le sirve como continente para escribir una novela. En una entrevista afirmó que deja que la novela se vaya desarrollando «casi como un diario». «Pienso primero una idea, un concepto. A partir de esa idea, me lanzo a improvisar; no pienso el argumento ni en los personajes, eso lo voy tomando en el momento con las cosas que me van pasando, casi como en un diario íntimo. Eso les da a mis novelas un curso un poco sinuoso, imprevisible».

DÍA 16. DE LAS FRASES

EJERCICIO

Escribe dos frases libres y distintas mezclando dos de estas palabras en una frase y dos en la otra:

piano – mentir – amor – desencuentro

IDEARIO

La relación entre palabras distintas nos remite a algo que no se nos hubiera ocurrido o que no sabíamos que podíamos pensar. Hay frases, como esta de Elena Poniatowska en su libro *De noche vienes*, que pueden dar lugar a un libro entero o a un poema: «Todos estamos —oh, mi amor— tan llenos de retratos interiores, tan llenos de paisajes no vividos». O esta otra de Juan José Arreola: «La mujer que amé se ha convertido en un fantasma; yo soy el lugar de sus apariciones», que constituye un minicuento. De eso se trata.

DÍA 17. DE LAS ACCIONES

MENSAJE DE HOY
Quien mira hacia fuera sueña;
quien mira hacia dentro despierta.
CARL JUNG

EJERCICIO

Desarrolla una historia basada en estas tres acciones:

Le pedí...
Le insistí...
Pero no le dije...

IDEARIO

Una acción sugiere que algo va a pasar. Ya sea un acontecimiento accidental, un momento mágico o una catástrofe, siempre se trata de un hecho. En una narración debe *suceder* algo mediante una secuencia de acciones realizada por uno o más personajes en un lapso de tiempo y en un espacio determinados. Escuché decir a Augusto Monterroso y lo cité en mi libro *El arte de reescribir:* «Todo buen cuento tiene un cierto aire de chisme». Si una persona dice «¿Sabes lo que pasó?», encontrará a alguien dispuesto a escuchar, y las acciones son las encargadas de mostrar los hechos.

DÍA 18. DE LAS EVOCACIONES

EJERCICIO

Recuerda a una persona que haya pasado esporádicamente por tu vida y que haya sido de alguna manera un estímulo positivo para ti.

IDEARIO

Generalmente nuestra memoria conserva a las personas más importantes de nuestra vida, raramente a quienes pasaron de un modo fugaz por nuestro lado, hasta que una comida, una observación, una canción, un aroma nos pueden conducir a alguno de nuestros momentos vividos, añorados, equivocados, los más luminosos o los más oscuros. Una caminata, una reunión familiar, aquella vez que deseaste escaparte de casa, la tarde especial en que jugaste... Recuperarlos te permite ampliar el espectro de tu pasado.

DÍA 19. DE LA DESCRIPCIÓN

MENSAJE DE HOY

El hada de los cuentos infantiles habita
donde menos te lo esperas, incluso puede estar
en la extraña sombra que percibes.

EJERCICIO

Describe la caída de la hoja de un árbol.

IDEARIO

Lo que relatas te obliga a estimular tus dotes de observación. Una ventana en un salón no solo es una ventana en un salón. Puede ser el lugar desde donde espiar, pero también puede ser el lugar por donde se cuela un asesino. Tú sabrás lo que haces con ella. Pero deberás ser plenamente consciente de ello.

DÍA 20. DEL TONO EMOCIONAL

EJERCICIO

Relata un mismo hecho usando distintos tonos (de ilusión, sospecha, entusiasmo, temor, ironía, alegría…).

IDEARIO

En el libro *Truman Capote: Conversations*, el autor aseguraba lo siguiente: «Para mí, el mayor placer de la escritura no es el tema que se trate, sino la música de las palabras en el conjunto».

Si escribes sobre alguien que está tumbado boca abajo tomando el sol, deberías hacerlo de tal modo que los lectores perciban el sol en su propia espalda. Y si dices que alguien siente temor en una calle oscura, tus lectores también deberían sentirlo. Eso lo consigues en buena medida con el tono emocional.

DÍA 21. DEL FINAL

EJERCICIO
Escribe el final de tu mejor viaje.

IDEARIO
Uno de los eternos dilemas de los escritores es saber cuándo la obra está concluida y si se puede mejorar.

¿Cuándo sabe un autor que su cuento está terminado?, se preguntó García Márquez. En *Doce cuentos peregrinos*, anotó: «Es un secreto del oficio que no obedece a las leyes de la inteligencia sino a la magia de los instintos, como sabe la cocinera cuándo está la sopa».

Y Borges, en el prólogo del libro *El cementerio marino*, de Paul Valéry, señaló: «El concepto de texto definitivo no corresponde sino a la religión o al cansancio».

Cuentan que Pierre Bonnard llevó su pincel y una pequeña paleta de pintor a escondidas al Museo de Luxemburgo, en París. Uno de sus cuadros, que se exhibía allí, tenía un color que aún no le convencía. Entonces, mientras su amigo Édouard Vuillard distraía a los guardias de seguridad, el llamado «último de los impresionistas» y al que Henri Matisse se refirió como «el más grande de todos nosotros», se acercó al lienzo, sacó la paleta y el pincel, y se puso a hacer mejoras y retoques discretos.

5

EL EMOCIONANTE DÍA 22

Has llegado al día 22. Enhorabuena.

Ahora tómate el tiempo que necesites y saca el mayor partido de este capítulo, la guía para completar y leer entre líneas los 21 ejercicios que has escrito.

Cada ejercicio contiene dos apartados: *Área creativa*, que plantea ideas para ampliar los textos escritos cada día, y *Área terapéutica*, que ofrece pautas para emprender el camino interior a partir del mismo texto.

Día a día, tras los siete minutos de escritura, habrás notado que algo se ha movido en tu interior y también en tu entorno. Pero ¿qué hacer con estos apuntes diarios? Pues divertirse leyéndolos. Valorarlos. Leerlos con la intención de escribir nuevas ideas a partir de ellos, expandirlos. Como decía Oscar Wilde: «Nunca viajo sin mi diario. Uno debe tener siempre algo emocionante para leer en el tren».

Veamos.

Este día 22 elige un lugar especial, puesto que seguramente la lectura y las conclusiones te llevarán varias horas, de modo que deberás leer los textos en distintos momentos.

Puedes trabajar con cada área por separado o con las dos al mismo tiempo. Todavía no dejes paso a la crítica ni a la autocrítica. Esta revisión viene después, en el capítulo siguiente.

DÍA 1. DE LAS MINUCIAS

Área creativa

Pregúntate si puedes convertir la minucia de la que has partido en el hilo conductor de un cuento o de una novela; sería entonces un motivo temático (como la copa de champán en la novela de Nothomb *Pétronille*). De no ser así, agrega una reflexión para ampliar lo que has escrito. Y, a continuación, una suposición.

Para una novela, es muy productivo partir de un episodio minúsculo, de esos que en apariencia no dicen nada, con la certeza de su relevante significado si vas más allá de las apariencias. Puede constituir también el nudo de un cuento.

Por ejemplo, esta podría ser la minucia: en un hotel, te llama la atención la mirada que un niño dirige a una mujer y a un hombre que podrían ser sus padres mientras va tras ellos o delante de ellos sin que le presten atención. Algo tan sencillo pudo haber conducido a Stefan Zweig a escribir *Ardiente secreto*. Se debió de preguntar qué pudo haber pasado antes de esa mirada y las consecuencias de esta. Indagó en los sentimientos del niño, imaginó que estaría inmerso en un mundo de adultos que le utilizaban. Así tejió la trama y pudo hablar de lo que le interesaba hablar desde el inicio de la novela:

> Para atender su enorme necesidad de cariño no había tenido a nadie más que a sus padres, que se ocupaban poco de él, y al personal de servicio. Y el poder de un amor siempre se medirá de manera equivocada, si solo se valora en función de lo que lo ha provocado y no por la expectación que lo precede.

Una minucia puede funcionar como elemento llamativo que caracteriza al protagonista. En varias de sus novelas, Amélie Nothomb utiliza algo así, como la copa de champán en *Pétronille*, que se convierte en el hilo conductor de su vida. Murakami también lo hace, incluso con a un personaje secundario como el bibliotecario de *Kafka en la orilla,* que siempre juguetea con un lápiz de grafito. O en *After dark,* cuando enumera lo que una adolescente japonesa lleva en el bolso.

Por consiguiente, colócale a uno de tus personajes la minucia que has rescatado de tu memoria. Si ha perdurado pese a su irrelevancia, si se ha quedado en ti, significa que te afecta y, en consecuencia, no le pasará desapercibido al lector.

Área terapéutica

Aunque te parezca que no encuentras la relación (casi nunca resulta evidente, pero a menudo surge una conexión latente), intenta enfocar la minucia como un nudo de tu vida, recuerda qué pasó antes de ese instante o imagina qué pudo haber pasado. Traza pinceladas acerca de cómo llegaste a eso (a esa reacción, ese lugar, ese encuentro, esa incertidumbre, etc.) e imagina qué consecuencias tuvo o pudo haber tenido para ti.

DÍA 2. DE TU EXPERIENCIA VIVIDA

Área creativa

Teniendo en cuenta que el ejercicio planteaba una transgresión y te obligaba a tomar una dirección que tal vez nunca habías contemplado, escribe dos nuevas versiones del texto:

En la primera, mantén el mismo punto de partida y refuérzalo con otras anécdotas, conclusiones parciales y consecuencias de lo que hayas encontrado en esa ruta.

En la segunda, reescribe el texto empezando ahora por el final al que llegaste, es decir, sitúa el final como inicio y el inicio como final. De este modo podrás deducir cuál es la mejor estructura, la que más te representa, y en cuál se percibe un tono más emotivo.

En principio, toda vida da para una novela. Dice Ernst Jünger en *Pasados los setenta I*: «Cada cual es el autor de su biografía, el biógrafo de sí mismo. Es él quien escribe su propia novela y es consciente de que tiene encomendada esa tarea. Eso es lo que explica que casi todo el mundo haya comenzado a escribir alguna vez en su vida una novela. El problema está en cómo le ha salido a la persona singular la exposición de su vida. Es algo que nada tiene que ver ni con sus circunstancias externas ni con que su novela tenga un final feliz o no. El problema está en el modo como la persona singular ha administrado sus talentos».

En este sentido, si has escrito sobre una experiencia personal directa, mira si has recuperado las sensaciones que tuviste en ese momento concreto. Es importante que el texto transmita tus emociones. Aunque pueda resultar doloroso, para encontrar la verdad de las emociones es imprescindible ahondar en la memoria: si se trata de sentimientos, no se puede hablar con fuerza de lo que no se ha experimentado. En ningún caso tienes que perseguir copiar la realidad. Haz la prueba de pedirles por separado a distintas personas qué ven ante el mismo paisaje. Seguramente cada persona te dará una visión propia. Por consiguiente, describe lo que ves según cómo eres y según cómo lo sientes. Si lo haces así, sabrás cómo miras el mundo y percibirás rasgos propios. La contemplación de un lugar y tu manera de describirlo te proporcionarán datos para reconocer tu estilo.

Área terapéutica

Si bien la experiencia vivida trasladada al lenguaje nos permite componer nuestro mapa autobiográfico para explicarnos a nosotros mismos cómo somos o cómo quisiéramos ser, tendrás que ver desde dónde haces la lectura de lo que has escrito, sea lo que sea: según los mandatos y otras huellas negativas que te hayan marcado o a partir de lo mejor que hayas vivido, por un lado; según tus creencias impuestas o desde tu libre individualidad, por el otro.

Darte cuenta de esto es esencial, de ello depende que alcances la verdad y que comprendas el motivo de tus reacciones y tus decisiones. Por ejemplo, podrías hacer la lectura identificándote de forma inconsciente con alguna situación sucedida en tu pasado vinculada a tu relación con tus padres, como Kafka, que se sentía predestinado al fracaso y no confiaba en su capacidad a causa de la actitud paterna, lo que provocó su mirada inexplicable y absurda de la realidad. Es decir, no es que el escritor muestre las cosas del mundo, sino que, cuando las traslada al texto, esas cosas lo muestran a él.

Me decía una amiga: «Después de hablarlo con mi terapeuta, creo que tengo que escribir sobre mi historia, que empieza al revés, cuando los recuerdos florecen ya de adulta. Una mujer que se enfrenta a un pasado que había guardado en un rincón de su memoria y que el cuerpo recuerda muchos años después».

Igual que en una novela, en tu autobiografía debes centrarte en lo que realmente tiene peso y dejar a un lado lo que no te aporta nada. Una vez que lo tengas claro, puedes reordenar tu vida. No te resignes a lo que hay o a lo que te toca. Tienes la libertad de reinventarla.

Te propongo, para continuar el texto, que le hagas una entrevista a tu yo.

DÍA 3. DE LAS PALABRAS

Área creativa

Observa si has elegido palabras abstractas o concretas.

Ten en cuenta que las concretas permiten mostrar y son más narrativas. Las abstractas suelen ser más ambiguas y, si bien explican, no muestran. Por si acaso, agrega dos concretas (un objeto, un lugar, un detalle, un gesto...) y tendrás cinco palabras. Escribe una frase junto a cada una de las palabras nuevas.

Ahora escribe un texto mezclando a tu manera las frases resultantes de cada palabra, y así habrá asomado otra parte de tu voz natural.

Como rutina de escritor, apuntar en tu diario de notas las palabras que prefieras resulta muy gratificante.

Algunos parecen creer que las palabras rebuscadas son más poéticas. Antonio Machado ironiza al respecto en su obra *Juan de Mairena*, cuyo protagonista es un profesor:

> —Señor Pérez, salga usted a la pizarra y escriba: «Los eventos consuetudinarios que acontecen en la rúa».
>
> El alumno escribe lo que se le dicta.
>
> —Vaya usted poniendo eso en lenguaje poético.
>
> El alumno, después de meditar, escribe: «Lo que pasa en la calle».
>
> —No está mal.

Si bien las palabras no nos protegen de las balas, como dijo David Grossman en una entrevista, en ellas se puede buscar el camino: «Hay que tener en cuenta que, en una realidad tan difusa y confusa como la de Israel, lo primero que manipulan el gobierno, el ejército y los grupos de poder es el lenguaje. Por eso mismo, lo que podemos hacer los que pensamos de un modo diferente es tratar de ganar protagonismo, para que nuestras palabras de paz y unidad no sean tergiversadas».

Área terapéutica

Ahora vamos al contenido de tu texto. ¿Qué tema ha predominado? ¿Qué sentimiento prevalece: ilusión, tristeza...? Y ¿qué piensas ahora acerca de este tema?

Te hago estas preguntas porque ya sabrás que los pensamientos crean en gran medida nuestras experiencias y que mediante la escritura puedes provocarlos o desplazarlos. Es sabido que la manera en que te hablas a ti mismo (escribir es una manera de hablarse a uno mismo) moldea tu mente y, por tanto, crea tu realidad. Basta con saber cómo se codificó un pensamiento para descodificarlo o cambiarlo por otro. Con tan solo cambiar algunas palabras, cambia el sentido de un texto.

En suma, para que el relato que te cuentas influya en tu vida, escríbelo. O verbalízalo: un «te quiero» despliega una sonrisa, mientras que un «te odio» desata una punzada en el corazón.

Las palabras nos afectan y nos alivian.

De la palabra a las sensaciones hay un paso. Todos nuestros sentidos se ponen en movimiento con una palabra, ante una palabra, desde una palabra, tras una palabra (que puede ser tan determinante como estas preposiciones: *con, ante, desde, tras*). De hecho, solo con nombrar nuestra comida predilecta (el placer de la palabra exacta me ha hecho dudar entre *predilecta* y *preferida*) se nos hace la boca agua. La publicidad lo sabe muy bien y así nos venden un perfume, un jamón o un coche.

Para saber qué palabras nos afectan más o menos, habrá que analizar cómo nos va en la vida. Después, en lugar de repetir las que no nos convienen, aprendamos a valorar unas y recordar otras en los momentos vulnerables. Son muy efectivas, en este sentido, las palabras que representan acciones, es decir, los verbos. Una lista de acciones que afectan a muchas mujeres podría ser *cuidar – cargar – completar – sostener – controlar*. Cada cual puede confeccionar su propia lista y verificar qué cambiaría. Apuntar las acciones que nos beneficiarían puede ser un primer paso para llevarlas a cabo.

Descarga en las palabras los sentimientos (como la rabia, la envidia, el gozo) que hay dentro de ti. Sométete a una buena catarsis recordando lo negativo para transformarlo. Por último, deléitate con lo positivo.

Registra las circunstancias relacionadas con las palabras que te impactan.

DÍA 4. DE UNA ESCENA

Área creativa

Si no lo has hecho, agrega una escena con diálogo. Cierra los ojos, deja que llegue un personaje y presta atención a la primera frase que dice. Apúntala. Vuelve a cerrar los ojos y pregúntate a quién se lo dice y por qué lo dice, para ampliar la escena.

A continuación, caracteriza a cada personaje en una ficha y haz que continúen hablando según los rasgos de cada uno.

Completa la ambientación de la escena para que el lector se sumerja en ella como si fuera su propia realidad.

En el siguiente ejemplo, de *La inmortalidad*, de Milan Kundera, el narrador presenta la escena como un cuadro en el que muestra a dos personajes que podrían empezar a conversar:

> Imaginemos ahora el salón como el escenario de un teatro: en el extremo derecho está la chimenea; en el lado opuesto la biblioteca cierra la escena. En medio, al fondo, hay un sofá, una mesa baja y dos sillones. Paul está de pie en medio de la habitación, Laura está junto a la chimenea y mira fijamente a Agnes, que se halla a dos pasos de distancia de ella. Los ojos hinchados de Laura acusan a su hermana de crueldad, incomprensión y frialdad.

Recuerda que el «decorado» y sus mínimos detalles están estrechamente relacionados con la atmósfera que el relato debe generar. Para ello, apela a los cinco sentidos.

Área terapéutica

¿Qué provoca en ti la atmósfera de esta escena? ¿A qué escena vivida te lleva? ¿Qué consecuencias te ha dejado? Y si ocurriera en otro lugar, ¿qué te provocaría?

DÍA 5. DE TU PROTAGONISTA Y OTROS PERSONAJES

Área creativa

Aunque solo tengas unas pinceladas, escribe la sinopsis de la novela que te gustaría protagonizar, de modo que empiece con una acción llamativa del protagonista y acabe con una promesa, que es el modo idóneo de acabar una sinopsis.

Casi todos los protagonistas deberían sufrir una evolución, para bien o para mal, evidente o latente. En la novela de un tallerista, por ejemplo, la abstracción del protagonista es un rasgo que, aunque en un principio había seducido a la otra protagonista, nueve años después era motivo de preocupación. Si bien con ella se muestra tan encantador como siempre, está cada vez más inmerso en su investigación, convencido de que puede mejorar el mundo, de modo que no llega a percibir lo que pasa a su alrededor, cosa que a ella le parece peligroso.

Almudena Grandes ha explicado que ninguno de sus personajes se encuentra a gusto consigo mismo. Y confiesa que construyó *Malena es un nombre de tango* con lo que conocía de las personas que detesta.

Nos cuenta Ray Bradbury en *Zen en el arte de escribir*: «Yo diría que creo mis personajes para que vivan su propia vida. En realidad, no soy yo quien los crea a ellos sino que son ellos quienes me crean a mí. Lo que tengo claro cuando escribo es que quiero que los personajes vivan al límite de sus pasiones y de sus emociones. Quiero que amen, o que odien, que hagan lo que tengan que hacer, pero que lo hagan apasionadamente. Es eso, esa pasión, lo que la gente recuerda para siempre en un personaje. Pero no tengo un plan preconcebido: quiero vivir las historias mientras las escribo. Le doy un ejemplo sobre cómo es mi relación con los personajes. Es algo que me pasó: el personaje principal de *Fahrenheit 451* —obligado a quemar libros— vino un día a mí y me dijo que no quería quemar más libros, que ya estaba harto. Yo no tenía opciones, así que le contesté: "Bueno, como quieras, deja de quemar libros y listo". De modo que él no quemó más libros y así terminó escribiéndose esa novela».

Las personas que conociste y las que conoces te pueden aportar elementos, modos de actuar, de relacionarse o de expresarse, argumentos, etc. Isabel Allende, que se cartea a diario con su madre entre San Francisco y Chile, dice que su madre le cuenta solo sueños, recetas e historias antiguas porque tiene miedo de que, si le explica historias recientes, de personas vivas, ella las saque en sus libros.

Área terapéutica

En principio la vida puede equipararse a una novela.

Si te consideras un personaje principal, pregúntate si eres capaz de defender tu lugar y sostener lo que piensas. Si te consideras un personaje secundario, pregúntate por qué en general te mantienes en un segundo plano. Considera qué beneficios y qué perjuicios te proporciona ser de una manera o de otra.

Ten en cuenta que muchas veces a lo largo de una novela los secundarios se convierten en principales y son más recordados que el protagonista. Eso le pasó a Lisbeth Salander, la hacker veinteañera antisocial con memoria fotográfica de *Los hombres que no amaban a las mujeres*, de Stieg Larsson.

Entonces di:

- De qué tipo de novela te gustaría formar parte.
- Cuál sería tu función en la historia.
- En qué escenas querrías aparecer.
- Dónde te gustaría que transmitiera la acción.
- Qué otros personajes querrías que participaran en la novela.
- Qué es lo mejor que te podría pasar.
- Qué es lo peor que te podría suceder.

Seguramente, todos los personajes tendrán algo de ti, aunque estés convencido de que son totalmente inventados o basados en otras personas diferentes a ti. E igual que un personaje se va construyendo a sí mismo en cada página, tú también lo haces cada día.

Al respecto, dice Manuel Vázquez Montalbán: «Aunque la frase de Flaubert, "Madame Bovary soy yo" ya parezca una frase hecha, tiene mucho de verdad y también mucho de mentira. Cuando un autor inventa a sus personajes, les aplica la conducta que él mismo tendría si fuese ese personaje, y al final, ya sea un detective, un fascista, una mujer o un torturador, siempre hay parte de ti en cada uno de ellos, sin que esto implique una identificación. Obviamente, Carvalho es mucho más anarquista que yo, mucho más nihilista, su relación con la cocina es mucho más neurótica. O sea, una suma de conexiones y desconexiones».

Almudena Grandes explicó en una entrevista que «los personajes que se te parecen son peligrosos, te duelen más: al afrontarlos, removemos episodios de nuestra vida que no nos gustan».

Por consiguiente, ya tienes suficientes datos; ahora te toca analizarlos, reconocer en qué medida y de qué manera te identificas con ellos, teniendo en cuenta que la identidad no equivale al carné que nos expide la policía.

DÍA 6. DE LAS PREGUNTAS CREATIVAS

Área creativa

La pregunta es producto de la curiosidad, necesaria como actitud productiva de todo escritor y también para la indagación personal. Si has contestado sin dudar a la pregunta del ejercicio, puedes pasar a otro plano y plantearte si la aplicarías a un personaje para poder analizarla desde otro punto de vista, pero si te quedan dudas, hazte más preguntas.

Área terapéutica

Para empezar, repara en que las preguntas están en el origen de la vida. ¿Qué soy? ¿Quién soy?

Se sabe que estamos hechos del mismo material que las estrellas, que dicho material estelar, al concentrarse, formó el planeta. Pero ¿cómo surgió la vida? El universo es todavía un misterio.

Es más, mira lo que dijo José Saramago en una entrevista: «La pregunta "¿quién eres tú?" o "¿quién soy yo?" tiene una respuesta muy fácil: uno cuenta su vida. La pregunta que no tiene respuesta es otra: "¿qué soy yo?". No "quién" sino "qué". Quien se haga esa pregunta se enfrentará a una página en blanco, y no será capaz de escribir una sola palabra».

A pesar de todo, toma muy en cuenta la pregunta planteada en el ejercicio como herramienta esencial para recorrer tu camino interior. Y aunque siempre quede algo en la sombra, no dejes de preguntar y preguntarte.

DÍA 7. DE LOS SILENCIOS

Área creativa

Pregúntate qué más puedes añadir a tu silencio a partir de lo que dijo William Faulkner en una entrevista: «Prefiero el silencio al sonido, y la imagen producida por las palabras ocurre en el silencio. Es decir, que el trueno y la música de la prosa tienen lugar en el silencio».

¿Qué te dices a ti mismo en ese silencio y no habías registrado? ¿Cómo lo dices?

Decía Dorothy Porter en su novela en verso *La máscara del mono*:

El miedo suena fuerte
el amor suena suave, silencioso en su sonido más espectacular.

¿Alguna coincidencia o diferencia con tu texto? Toma nota si quieres.

Por último, piensa en la siguiente afirmación que compartió en una entrevista Eduardo Galeano: «Pelear para que las palabras sean las que de veras merecen estar y no las otras. Solo las que nacen de la necesidad de decir tienen derecho de existencia. Eso me lo enseñó Onetti, que se lo atribuía a un proverbio chino, pero no sé si no sería un proverbio *onettiano*. Él decía que las únicas palabras que tienen derecho de existir son "las palabras mejores que el silencio"».

Área terapéutica

Durante el silencio es posible que vuelvas a abrir una puerta no deseada y te topes con un fantasma. Si la cierras, te pierdes la oportunidad de convertir lo monstruoso en maravilloso. Si la abres de nuevo, podrás reconocer al fantasma, pero esta vez como ayudante.

También un fantasma puede lanzarte a la búsqueda de algo nuevo, a romper con las rutinas para reiniciar el camino o tomar otro distinto.

Por una parte, el silencio se abre paso entre las palabras para iluminarlas, y es revelador. Por otra, conviene tener en cuenta que hay ocasiones en que nos salva. Pero también puede reflejar represión: ya sea impuesta desde fuera o autoimpuesta, siempre digo que no hay que confundir discreción con represión.

En una novela de Daniel Moyano, *El vuelo del tigre*, el silencio es un motivo principal. La narración evoca una dictadura militar. Los protagonistas, la familia Aballay, viven prisioneros en su propia casa, privados de su libertad bajo el control permanente de uno de los represores. La primera imposición es que no pueden hablar, y así surgen dos tipos de silencios, el impuesto y el voluntario, este último en defensa propia.

¿Recuerdas un momento de represión de algún tipo en tu

historia personal? Escribe también sobre eso y verás qué huellas te ha dejado.

DÍA 8. DE UN CONFLICTO

Área creativa

Piensa si, en el problema que has relatado, has englobado otros aspectos que generalmente entraña un conflicto o si quieres añadirlos ahora y aplicárselos al personaje que vive ese conflicto. Para ello, ten en cuenta esta guía:

- qué trae asociado este problema a su mundo interno;
- qué le mueve a actuar de una manera;
- qué le duele, qué le comprime el corazón;
- qué lo impulsa;
- qué lo estimula;
- qué lo frena en sus actitudes;
- qué puede ayudarlo.

Valora también, en caso de que el conflicto tenga alguna relación con un lugar, si puede encarnar los claroscuros de las relaciones humanas en una sociedad determinada, como la de Huron de Alice Munro o Yoknapatawpha de Faulkner.

Asimismo, piensa en lo que afirma Kurt Vonnegut en *Bagombo Snuff Box*: «Tu personaje debe querer algo, desear algo con fuerza, aunque sea un vaso de agua. Y el conflicto es todo aquello que le quita ese vaso de agua, que le impide obtenerlo. Necesitas conflictos y deseos poderosos para que al lector le importe algo de lo que le estás contando. Y, para que esos conflictos y deseos se refuercen, necesitas consecuencias».

Área terapéutica

Escribe qué has sentido tras escribir tu problema. Apunta la primera frase y la última, y, mezclándolas, escribe algo nuevo.

Todos afrontamos conflictos de alguna clase, ya sean externos o internos, vinculados a la inseguridad, la indecisión, el miedo, la negativa para tomarnos las cosas en serio..., que puedes plantear en una novela. Tal vez te resulte útil recurrir a metáforas. ¿Acaso existe otro modo mejor de expresión que una metáfora? Por ejemplo, «fue la gota que colmó el vaso». Esta es excelente, y podría mencionar muchas más, pero, atención, inventa las tuyas cuando escribas. Precisamente, la novela que cito en el apartado anterior, *El vuelo del tigre*, es una metáfora de la situación.

DÍA 9. DE LAS CONJETURAS

Área creativa

Muchos procesos creativos desarrollan sus ideas a base de enlazar especulaciones. Así, la incertidumbre, pariente cercana de la conjetura, es un mecanismo idóneo para que una novela avance. Si con el material que estás reuniendo quieres escribir una novela, o incluso un ensayo, el día 22 vuelve a considerar la conjetura o las suposiciones como una herramienta poderosa tanto para el comienzo como para el desarrollo y el final del libro.

¿Cómo puedes emplearla ante una situación? Un ejemplo: un tren aminora la velocidad y se detiene ante algo que le dificulta la visión. Las conjeturas podrían ser muchas:

1. Una plaga de bichos radioactivos dificulta la visión del maquinista (daría lugar a un texto de ciencia ficción).
2. Unos bandidos que aguardan entre la maleza amenazan el convoy (daría lugar a una narración de aventuras).
3. La vegetación, cada vez más compacta, empieza a «tragarse» el tren (daría lugar a una narración fantástica).
4. Ante un paisaje espectacular, el maquinista desea que los viajeros lo disfruten (daría lugar a una narración realista-bucólica).

5. El maquinista lo está soñando (daría lugar a una narración onírica).

6. El revisor se enamoró de una pasajera y quiere detener el tiempo (daría lugar a una narración romántica).

Podrías continuar tú la lista si quisieras que las conjeturas apuntaran, entre otras, a una historia intimista, una narración de suspense...

Área terapéutica

Además de para la creación literaria, las conjeturas son muy útiles para la filosofía, la ciencia, la ingeniería y la música, y, aunque también pueden serlo para el campo terapéutico, es cierto que pueden constituir un riesgo. Por una parte, conjeturar sobre un tema que te inquieta te permite enfocarlo desde otra óptica y así, tal vez, le restas importancia y desaparece tu inquietud. Pero, al mismo tiempo, esas conjeturas te pueden crear falsas expectativas o conclusiones: si haces suposiciones negativas con respecto a algo que puede ocurrir o a lo que alguien pensó de ti, es muy probable que te equivoques y que esas suposiciones sean producto del miedo o la desvalorización personal. Introduce estas variantes en el texto que has escrito.

En conclusión, a menudo nuestra visión del mundo está determinada por nuestras expectativas, lo que nos limita, y raras veces logramos ver algo distinto de lo que estamos predispuestos a ver. Las conjeturas pueden ser una pesada carga o una apertura hacia algo novedoso. Ante cada conjetura, tú decides.

DÍA 10. DEL MONÓLOGO INTERIOR

Área creativa

Inserta el monólogo que has escrito en un diálogo que el protagonista mantiene con otro personaje de su vida cotidiana. Así, mientras los dos están conversando, el protagonista piensa su monólogo. Es un mecanismo que te permite sugerir, entre otras cosas, la contradicción entre lo que una persona piensa y lo que dice: la libertad del mundo interior frente a la mayor o menor represión del mundo exterior te permitiría hablar de temas como la mentira o el miedo.

El monólogo transcurre en un silencio cargado de palabras, mientras que el diálogo debería ser tan realista que el lector lo «escuchase» al leerlo. Los lectores necesitan un diálogo crepitante y creíble, con voces tan convincentes que salgan directamente de la página y lleguen a sus oídos, con conversaciones que evolucionen. Si lo haces así, no necesitarás acotar cómo se dice algo.

En resumen, no aclares que un personaje está gritando: consigue que lo notemos a través de la forma en que lanza sus palabras, aprieta los puños o sale de la habitación. Y se repite la necesidad de mostrar en lugar de explicar.

Área terapéutica

Cierra los ojos y escúchate. Abre los ojos y toma nota a tu manera de tu monólogo interior, agregando lo que surja.

Una de las ventajas del monólogo interior es que hablas contigo mismo y puedes responderte lo que te venga en gana. O puedes dirigirte a ti con diversos tonos o de distintas maneras. Un amigo me decía que, cuando se avergonzaba de algo, se hablaba en voz baja, como se les habla a los caballos asustados. Observa de qué manera o maneras «te hablas». Toma nota y analízalas por escrito. Sabrás si te disgustan y necesitas cambiarlas, o si te gustan y deberes reforzarlas.

Hay estudios neurocientíficos que revelan que no es el razonamiento el encargado de tomar nuestras decisiones, sino que lo hacemos guiados por la emoción. Al escribir, realizas un potente viaje emocional, y ese registro debería impregnar tu monólogo interior, puesto que recoge la saludable coincidencia entre lo que uno piensa, siente y hace.

DÍA 11. DEL INTERLOCUTOR

Área creativa

Cuenta lo mismo que has explicado dirigiéndote a alguien a quien quieres seducir y verás que el tono e incluso la información cambian.

Hablarás de modo diferente con tu interlocutor dependiendo de si estás alegre, nervioso, asustado, apenado…, si recelas de él, lo admiras, le temes o intentas seducirlo.

Carmen Martín Gaite, en *La búsqueda de interlocutor y otras búsquedas*, alude al «prodigio más serio que lleva a cabo un escritor cuando se pone a escribir: inventar con las palabras que dice, y en el mismo golpe, los oídos que tendrían que oírlas [...]. Este prodigio se lleva a cabo como una necesidad de quebrar las barreras de su soledad, debido a que comunicarnos no es tarea fácil. Y así la soledad dolería menos. [...] Si el autor ha conseguido disfrutar con su narración, se la ha contado bien a sí mismo, buscará un destinatario-espejo, y el interlocutor ideal (o soñado) es aquel que comparte, en principio, nuestra actitud ante el lenguaje».

A través de sus novelas, Martín Gaite demuestra que es tan difícil hallar un receptor ideal para nuestra narración como esperar que nos cuenten lo que en cada momento necesitaríamos oír. Sin embargo, el proyecto de encontrar un interlocutor válido generalmente fracasa. Por ejemplo, en *Entre visillos*, el diálogo anodino, la insustancialidad de las conversaciones entre los jóvenes provincianos no deja espacio para la verdadera comunicación.

Área terapéutica

Dirigirte a un interlocutor te permite contar cosas, o dar datos, que no te imaginabas que ibas a explicar. Ello se percibe en el inicio de la novela *El verano del inglés*, de Carme Riera:

Me pide que se lo cuente todo porque, de no ser así, no querrá encargarse de mi caso. Acepto su propuesta y le escribo empezando desde el principio para que tenga noticia completa de mi persona. Entiendo hasta qué punto necesita conocer todos los aspectos, incluso los más nimios o superfluos, ya que en alguno de ellos podría encontrarse la clave para argumentar una buena defensa.

Me dice que medite sobre los hechos, que los repase punto por punto tantas veces como haga falta y se los describa con detalle. No dude que le voy a obedecer, que cumpliré una por una sus indicaciones. Tengo, para mi desgracia, todo el tiempo del mundo, y me lo voy a tomar.

Empiezo, pues, por el principio.

Qué le dices a un interlocutor y cómo se lo dices también te puede dar pautas para tu autoconocimiento.

La escritura es una compañía. Si te sientes solo y te encierras, te aíslas y pierdes capacidad de acción. En cambio, si te pones a escribir de forma libre y espontánea, verás que estás hablando contigo mismo y encontrarás un interlocutor interno que te activará.

DÍA 12. DE LOS OBSTÁCULOS

Área creativa

A muchas personas les gustaría llevar una vida diferente. Algunas de ellas tratan de superar los obstáculos que se les presentan para cambiarla. Pueden triunfar o fracasar, pero, si fracasan, al menos lo han intentado. Este es el motor de numerosas obras de ficción.

Susan Sontag comentaba lo siguiente en una entrevista acerca de su novela *En América*: «Mi protagonista es una actriz con un buen nivel de vida y el motivo del viaje es su deseo de cambio. Para ello, es lírica, porque refleja su lucha interna, la de una estrella que quiere vivir en un mundo ideal, y a la vez es épica porque trata el tema de Estados Unidos analizando la diferencia entre el mito y la realidad como telón de fondo. Transcurre en 1876, en el sur de California, cuando las grandes ciudades del oeste de los Estados Unidos se situaban al norte; en el sur había pequeñas comunidades que no tenían inmigración europea. La protagonista se traslada a una pequeña comunidad granjera que se llama Anheim (ahora muy conocida porque ahí se encuentra Disneylandia), se instala con su grupo para crear una comunidad basada en la libertad, el ocio y el cultivo de sí mismos, y fracasan. La mayoría regresa a Polonia, pero ella se queda y vuelve al mundo del teatro. He puesto algo de mis ideas sobre Estados Unidos: Estados Unidos es una fantasía y una realidad en cada uno de los personajes».

También pueden tomarse como obstáculos los peligros que amenazan directa o indirectamente a los protagonistas de los cuentos infantiles, como *Caperucita Roja* o *Los tres cerditos*, donde el lobo representa las fuerzas del mal que se oponen a la felicidad de los héroes.

Área terapéutica

Si has escrito sobre un problema actual, asegúrate de que lo has identificado correctamente.

Los obstáculos te señalan un cambio de rumbo en la escritura y en la vida para así seguir avanzando. A veces tienes que retroceder —retomar algo anterior— para ganar impulso. Otras veces no se trata de eliminar la dificultad, sino de estar dispuesto a probar nuevos planes.

En este sentido, los condicionamientos aprendidos pueden limitarte. Tu esquema de pensamiento repetitivo puede convertirse en el obstáculo más difícil de superar.

Por consiguiente, es posible que tu inconsciente te traicione y repitas mecanismos obsoletos en lugar de cambiar la perspectiva ante un mismo hecho. Pregúntate entonces si siempre te comportas del mismo modo frente a todas las situaciones que se te presentan por muy diferentes sean.

La solución puede estar en otra dirección. Al mismo tiempo, investiga si tienes la flexibilidad suficiente como para poder renunciar a lo que siempre eliges.

DÍA 13. DE LA COMPARACIÓN

Área creativa

Este ejercicio es un pretexto para escribir una colección de noches memorables para un libro.

Otra opción es crear un personaje que vehicule los aspectos que has descubierto al comparar las dos noches, al que le hagas hacer lo que tú no te atreves o al que le otorgues una personalidad que no entiendes del todo... Hazlo sin temor, así conseguirás un relato con el que muchos lectores se sentirán identificados. Entonces, la ficción le habrá dado un sentido a tu sombra.

Área terapéutica

Investiga qué huellas te dejó cada una de esas noches, tanto negativas como positivas, qué te provocan esas huellas en el presente y qué deberías cambiar o en qué has cambiado.

Ahora, en lugar de comparar dos noches, piensa en las personas con las que te comparas y qué te provoca cada comparación. Freud insinuó el valor y la significación que tienen las comparaciones para el sujeto y afirmó lo siguiente: «En la vida anímica del individuo, el otro cuenta como modelo, como objeto, como auxiliar o como enemigo».

¿Y qué pasaría si compararas tus ilusiones con la realidad? ¿A qué conclusión llegarías? Precisamente el cumplimiento de los deseos depende de la coincidencia entre nuestras ilusiones y la realidad, de cuánto de real o posible contiene la ilusión de turno y cuánto de factible contiene la realidad. Es decir, se trata de que no nos autoengañemos.

Date permiso y establece comparaciones libres contigo y con

otras personas a las que admiras o a las que rechazas. Gracias a la comparación, puedes reunir datos de los fantasmas que viven en ti. Según con qué te compares —un objeto, un animal, un paisaje, un lugar…—, podrás descubrir cómo te ves y qué sentimientos te dominan. Obtendrás resultados diferentes si, en vez de identificarte con un tren de primera clase, te identificas con uno de mercancías; con un gorrión o con un cuervo; con una mesa, una lupa, un mapa…

Una tarde una amiga me comentó que desde hacía un tiempo se sentía triste, como un árbol amarrado a sus raíces, agregó. Le sugerí que se tomara unos minutos y escribiera lo que le pasaba. Unos días después me llamó para decirme que lo había escrito y ahora se sentía mejor, que había continuado la comparación del árbol y había llegado a la metáfora: se dio cuenta de que en realidad ella era un árbol de un bosque que se podía mover del lugar e intercambiar ideas y sentimientos con otros árboles, lo que le hizo comprender que no estaba sola.

DÍA 14. DEL MOTIVO TEMÁTICO

Área creativa

El motivo temático debería aparecer como una señal luminosa en el conjunto que se aglutina o se expande a lo largo del texto: una prenda de vestir, una observación, un nombre, un objeto… todo puede ser un motivo temático de tu infancia. Tal vez este poema sutil de Alejandra Pizarnik, «Tiempo», te aporte algo más para ampliar tu texto:

> Yo no sé de la infancia
> más que un miedo luminoso
> y una mano que me arrastra
> a mi otra orilla.
> Mi infancia y su perfume
> a pájaro acariciado.

¿Cómo conviertes el motivo que elegiste en parte del hilo conductor? Por ejemplo, la palabra *tarro* que Bowles menciona como su primer recuerdo. Una posibilidad sería el efecto del motivo: el extrañamiento ante la palabra, que podría ser el hilo conductor del relato.

Cuando los motivos temáticos se repiten a lo largo de una historia pueden constituir el hilo conductor del relato, siempre que cada repetición agregue algo más a dicha historia y no sea una mera reiteración.

Área terapéutica

Emplear un motivo es recurrir a algo que te conmueve, como si fuera el producto de una vivencia interior. ¿Lo has elegido de este modo? Analiza qué motivo temático de los que has empleado te resulta más estimulante y cuál más indiferente, y saca conclusiones.

Ten en cuenta que también lo que provoca el motivo depende del momento vivido y de otros factores, como casi todo en la vida y en la literatura. Contaba Pedro Almodóvar al referirse al confinamiento impuesto por la pandemia de la COVID-19 que todo se ve o se siente de otro modo según las circunstancias, y que ahora lo embargaban emociones nuevas con hechos muy simples como vestirse (que, en este caso, podría ser el motivo temático).

DÍA 15. DEL TIEMPO

Área creativa

Recurrir a las fechas (como se hace en un diario íntimo o en una agenda) es una fórmula útil para aproximarnos a lo más recóndito y seguir un cierto orden mental para los hechos. De los que has enumerado, escoge el que podría convertirse en una escena esencial de un relato y amplíalo a partir de otro de los elementos del relato: incorpora a otro personaje, agrega una pincelada sobre la atmósfera, algún detalle sensorial, etc.

Tratar de situar los hechos en un tiempo pasado (ya sean horas o años) constituye un modo de hallar lo que se ha perdido y recrearlo, de escribirlo para no volver a perderlo. Como método, resulta duro y placentero a la vez. Duro cuando bordeamos el momento del recuerdo, pero no logramos alcanzarlo. Placentero cuando conseguimos atraparlo (rememorar el pasado nos permite volver a ser nosotros mismos).

Pero en la ficción también puedes manejar el tiempo a tu manera, de forma subjetiva. Así lo hace Gabriel García Márquez en varias de sus novelas; por ejemplo, *Crónica de una muerte anunciada* empieza por el final del suceso, y en *Cien años de soledad* conviven un tiempo histórico y un tiempo mítico. El tiempo desplegado en los «cien años de soledad» es un tiempo que retorna periódicamente, en el que todo se repite y de cuya reiteración se percata Úrsula: «Es como si el tiempo diera vueltas en redondo y hubiéramos vuelto al principio».

Área terapéutica

Tanto para usarlas a nivel personal como para aplicarlas a la construcción de un personaje, son muy útiles estas preguntas referidas al tiempo:

- ¿Qué te gustaría que tuviera tu yo dentro de cinco años?
- De ser posible, ¿te gustaría viajar al pasado o al futuro, o permanecerías en el presente? En cualquier caso, explica los motivos.
- Si supieras que dentro de un minuto te será concedido un deseo, ¿qué pedirías?
- ¿Y si fuera tu última semana de vida?

DÍA 16. DE LAS FRASES

Área creativa

Utiliza una de las dos frases del ejercicio como inicio y la otra como final y agrega las que necesites para desarrollar un texto libre entre ese principio y ese final.

Usa frases cortas para dar rapidez, para una acción rápida; y usa frases subordinadas para lograr lentitud. Si estás escribiendo un cuento, convienen las frases breves y la puntuación fuerte, que sirve para economizar descripciones, acortar la narración, comprimir todo el relato y preparar cuidadosamente el efecto final.

Si estás escribiendo una novela o un texto de no ficción, puedes usar frases largas si es necesario para crear un ritmo más lento, pero contrólalas para que no resulten confusas. Un mecanismo útil es emplear el punto y seguido y dividir una frase larga en tantas partes como sea posible sin que varíe lo que se dice (ni cómo se dice), para que quede más natural y más agradable de leer.

El secreto, en este caso, es ir al grano, no aburrir con descripciones, centrarse en una idea concisa y la semilla de una duda.

Repara en la frase gancho. Atrapa al lector porque contiene elementos que hacen referencia a la historia que cuentas, dejando planteada alguna incógnita. O más de una incógnita. Muestra lo que le ocurre o está a punto de sucederle al personaje. Se trata de advertir que algo va a ocurrir, aunque después tenga lugar varias páginas más adelante o en el capítulo siguiente.

Área terapéutica

La frase gancho forma parte de la seducción tanto en la literatura como en la vida. Tenlo en cuenta. Si alguna de las frases subrayadas te parece especial, como una sentencia, destácala y apúntala separada como un mensaje para ti.

Ya has visto que en una frase puede caber el mundo.

Las frases que se repiten constantemente, se van interiorizando y forman parte del repertorio mental y emocional pueden generar cambios en la conducta y el estado de ánimo. A menudo su efecto resulta positivo y demuestra su poder para crear realidades, tanto para bien como para mal; depende de cómo y desde dónde las recibimos. Así que separa, de las que has escrito, la frase que te resulte más impactante y piensa si podría ser el título de una novela y a qué clase de novela pertenecería. Toma nota de todo esto.

DÍA 17. DE LAS ACCIONES

Área creativa

Las tres acciones del ejercicio funcionan como núcleos de tu relato, de modo que, si las sustituyes por otras, cambiará el argumento. En cambio, los verbos restantes que hayas usado son subnúcleos y, aunque los cambies, el hilo principal de los hechos se mantendrá. Piensa si los dejarás así o los cambiarás, y qué otros verbos te conviene agregar para «engordarlo» (como subtramas o no) o continuarlo. Y si has situado la acción en un escenario, pasar a otro proporciona dinamismo a la historia. Recuerda que el escenario incide en la actitud y las decisiones de los personajes.

Los escenarios pueden formar parte de las subtramas, que aportan valor y contenido a la historia, nos ayudan a comprender mejor a los personajes, sus motivaciones. Por ejemplo, en *Los hermanos Burgess*, de Elizabeth Strout, mientras le hace la pedicura una chica coreana, Pam revive con cierta nostalgia su vida como novia de Bob y el recuerdo la hace lloriquear. La conexión: sin saber que llora por un recuerdo, la chica coreana le tiende un pañuelo.

El deseo es uno de los resortes que impulsan las acciones y las decisiones del protagonista, y su energía puede nutrir el hilo conductor entre el inicio y el final.

Área terapéutica

También el deseo mueve tus acciones. Libéralo, que no lo frenen los mandatos ni los fantasmas enquistados en tu interior. Y actúa en consecuencia.

Las acciones permiten crear la ilusión de dinamismo o de estatismo. Según sea la ilusión que dé tu relato, ¿encuentras alguna semejanza contigo?

DÍA 18. DE LAS EVOCACIONES

Área creativa

Recupera más recuerdos (de diarios, notas, cartas, mails, memorias...) e inventa lo que sea necesario. Y créete lo que inventas como si se tratara de un recuerdo.

Para ampliar tu ejercicio, puedes recurrir a un espacio; la casa suele ser un tema de evocación habitual en la literatura. La de la infancia suele evocarse con añoranza. Se recuerdan con nitidez algunos detalles que para otros que vivieron las mismas situaciones y en la misma época pasaron desapercibidos. Trata de unir, entonces, al momento evocado una casa de tu pasado que te genere un sentimiento (el que sea: alegría, tristeza...) por alguna razón, hayas vivido o no en ella.

Y ten en cuenta que la memoria no solo es visual, también es auditiva. Entre los ruidos se encuentra una voz que está dentro de nosotros. A partir de ella puede nacer tu personaje. ¿O tal vez se trate de la voz de alguien que pasó por tu vida fugazmente?

Área terapéutica

Es posible que esa persona positiva para ti te permita revisar e incluso borrar la etiqueta que te pusieron de pequeña: «el llorón», «el pedigüeño», «el que no paraba nunca». Las etiquetas marcan y uno acaba creyendo lo que le dicen, se coloca el disfraz del personaje que le atribuyen dejando a un lado sus verdaderas necesidades. Te coartan la posibilidad de ser quien eres y expresarte en consecuencia. Te llamaron «el independiente» y tú te lo creíste, hasta que un día te percatas de que en realidad tienes miedo y solo deseas que te abracen, que te cuenten cosas, compartir. Y entonces deseas que las personas cercanas te ayuden a superar los miedos y te abracen, y olvidas que estas personas siguen viendo al independiente (o a la intrépida, la fuerte, la parlanchina…) y te darán lo que hasta ese momento creían que necesitabas. En consecuencia, los malentendidos ocupan buena parte de las relaciones con los demás.

Esa persona que pasó fugazmente por tu vida, en cambio, tuvo un efecto positivo porque no atendió a esas etiquetas.

Tienes una misión: descubrir cuál es el disfraz y cuál el yo verdadero, y desterrar así las relaciones tóxicas.

Nunca un recuerdo de algo vivido tiene una sola versión. Prueba una o varias posibles versiones de tu evocación hasta encontrar la que sientas como más verdadera emocionalmente.

Ten en cuenta lo que dijo Kazuo Ishiguro en una entrevista: «El recuerdo es el filtro a través del cual nos contamos historias, nuestras propias historias, a nosotros mismos. Conociendo los recuerdos de alguien, entendemos lo que quiere esconder y aquello de lo que se siente orgulloso, lo que era o quiso ser. Lo que más me interesa del ser humano es el coraje del que se atreve a abrir la caja secreta que todos guardamos en nuestro interior, aunque sepa que puede aparecer algo muy inquietante».

DÍA 19. DE LA DESCRIPCIÓN

Área creativa

Es posible que el ejercicio te haya conducido al texto poético.

Sea como sea, es necesario transmitir lo que cuentas de tal modo que el lector vea lo que tú pretendes mostrarle a través de una descripción. Si en este ejercicio has mencionado un árbol, deberías haber especificado (o al menos saberlo tú y dejarlo entrever de alguna manera) de qué clase de árbol se trataba, un álamo, un sauce, una araucaria; si has nombrado una silla, sin añadir más detalles, cualquier lector imaginará «su» silla. Si hablas de un bosque, el lector pensará en árboles de hojas verdes, sí, pero no en el bosque que tú imaginas. Sería distinto si hubieras nombrado un árbol de hojas violetas y troncos delgados como lápices, por ejemplo. La comparación sería muy útil en este caso.

La descripción que plantea el ejercicio puede conducir también a una historia fantástica o a una romántica; sea cual sea, la clave es que hayas sabido conservar el misterio de la descripción.

De hecho, el misterio se consigue con una escritura audaz. Activa la sensibilidad de los lectores, pero no llega a desconcertarlos. E. L. Doctorow cuenta el lado insólito de una historia, la cara oculta de la luna, y toma historias oídas o prestadas. En su relato «Wakefield» evoca el relato del mismo título de Nathaniel Hawthorne, aunque con un punto de vista distinto, e introduce lo cotidiano como algo desconcertante y extraño, y descubre así el alma humana. Si no has logrado todavía crear un clima de misterio, haz como Doctorow y recrea un texto misterioso de otro escritor.

Área terapéutica

Las cosas adquieren otra dimensión cuando uno las capta con los siete sentidos. Decía François Mauriac: «Antes de comenzar una novela yo recreo dentro de mí sus lugares, sus ambientes, sus colores y sus olores». En este sentido, aunque a veces momentáneos y fugaces, los olores están cargados de recuerdos. Una vez que has utilizado un recurso sensorial, tal vez puedas examinarlo a lo largo de tu vida para que te traiga a la memoria algo que tenías olvidado. Una ráfaga nos puede aportar una época entera.

Por otra parte, se puede emplear el sentido del olfato como medio de investigación. En *El perro de los Baskerville*, Sherlock

Holmes reconoce a una mujer por el olor del papel de sus cartas, e indica la existencia de «setenta y cinco perfumes que un experto criminalista debe poder distinguir con claridad si quiere hacer bien su trabajo».

DÍA 20. DEL TONO EMOCIONAL

Área creativa

De los tonos que has elegido, ¿por cuál sientes mayor afinidad? Tal vez deberías leerlos en voz alta para asegurarte de que es realmente tu preferido.

El tono produce el encantamiento en el lector. Escucha el tono de este inicio misterioso del cuento «Las ruinas circulares», en el que Jorge Luis Borges alude a alguien que no tiene nombre: «Nadie lo vio desembarcar en la unánime noche». Es una voz que hipnotiza desde la primera línea y que seguimos oyendo hasta el final. Es un narrador oculto que nos habla en la oscuridad y puede contarnos lo que sea mientras no varíe el tono. Y sigue diciendo tras una coma, «nadie vio la canoa de bambú sumiéndose en el fango sagrado, pero a los pocos días nadie ignoraba que el hombre taciturno venía del Sur y que su patria era una de las infinitas aldeas que están aguas arriba, en el flanco violento de la montaña, donde el idioma zend no está contaminado de griego y donde es infrecuente la lepra». Y este es el final, en el que el misterio se convierte en magia: «Con alivio, con humillación, con terror, comprendió que él también era una apariencia, que otro estaba soñándolo».

Te conviene prestar atención al timbre, al énfasis y a la entonación de distintas personas y asociarlos con su personalidad o su estado de ánimo. Apunta las conversaciones de la gente en la calle, de las personas que pasan a tu lado, frases o palabras dichas por gente que escuchamos sin ver: los que viajan detrás de nosotros en un autobús o en un tren, los que pasan junto a nuestra ventana, los vecinos de otros pisos, los desconocidos con los que hablamos por teléfono o escuchamos por la radio.

Qué palabras usan, cómo es su tono de voz, son los aspectos que hay que registrar. ¿Todas las frases de tu ejercicio podrían formar parte de la misma historia? Difícil, ¿no?

Un truco para encontrar el tono acertado es escribir de entrada el final al que vas a llegar. Según cuál sea, pedirá un tono particular o varios.

Área terapéutica

No olvides que el tono es una herramienta vital diaria que te puede conducir al estrellato o a la caída. Esto es así dependiendo de cómo dices lo que dices. No vas a conseguir los mismos resultados con un tono agresivo que con un tono cautivador.

No te exaltes con tus propios pensamientos y emociones y dejes al personaje al margen. En todo caso, prueba tus emociones en la ficción, otorgándoselas al protagonista y dejando que él o ella te muestren las consecuencias de estas.

Recuerda que hablar de lo que te interesa hablar y el interlocutor al que te diriges es lo que hace que imagines esa trama a tu manera y desde tus sentimientos, de ahí sale el tono. Pero cada persona que escribe tiene su propio tono. Pertenece a la voz natural y puede surgir si dejas que lo guíen los secretos que se agazapan en tu interior.

DÍA 21. DEL FINAL

Área creativa

¿Has narrado el final de un viaje exterior o interior? Si es interior, ¿cuáles son o cuáles podrían ser los momentos o sentimientos de ese viaje? Y si es exterior, ¿cuáles son o cuáles podrían ser los lugares de ese viaje? ¿Crees que podrías completar así tu escrito?

Como Colón, que partió hacia las Indias y se encontró con América, al llegar al final de un relato podemos encontrarnos con una perspectiva muy diferente a la que teníamos en el punto de partida. Escribir un relato es siempre una aventura en la cual nunca pasa todo tal cual se había previsto, para bien o para mal. No se puede saber cómo saldrá hasta que no la emprendamos.

Por consiguiente, averigua si el final que escribiste se parece mucho a lo real o suena literario, pero vívido. En el caso de haber «copiado» lo real, trata de rescatar algún detalle que no hayas incluido y tal vez cambia la versión o inventa algo que te hubiera gustado que sucediera.

Área terapéutica

A estas alturas, conviene que recuerdes que un objetivo vital para que tu escritura sea más auténtica es confiar en ti mismo. No suponer que lo que vives es inferior a lo que lo que viven los demás, o menos consistente. Atender a aquello que te interesa no porque les interesa a otras personas o es sobre lo que escriben otros escritores, sino porque confías en tus propias certidumbres. De esta confianza depende la autenticidad y la credibilidad de lo escrito, así como su originalidad. Por lo tanto:

- no te obligues a escamotear información al lector porque quieres impresionarlo, sino porque la trama lo exige;
- no intentes demostrar nada, sino mostrar tus dudas, tu búsqueda, y
- no escribas para un público, sino para abrirle interrogantes a tu lector ideal.

Escribe con la seguridad de que tienes algo que decir y no recurras a un final efectista, puesto que, si has llegado a ese final, será porque algo te conmueve.

6

21 CLAVES ESENCIALES DEL OFICIO ASOCIADAS A LOS EJERCICIOS

Juan Rulfo decía que la literatura en la que él creía se escribía con «la otra punta del lápiz, la que tiene la goma de borrar». Así consiguió ampliamente su propósito: decir mucho con poco.

Las claves descritas en este capítulo corresponden a la primera serie de 21 días, y amplían aquellas desarrolladas en el capítulo 5.

Puedes leer estas claves vinculándolas al ejercicio correspondiente de cada día o por separado, aplicando las que creas necesitar.

DÍA 1. DE LAS MINUCIAS

Minucias son detalles. Hay distintos tipos de detalles. Pueden referirse a los personajes, a los objetos o a las acciones. Acciones y objetos generan una atmósfera precisa que se percibe mejor al destacarlos.

Tampoco es que un hecho espectacular, por el mero hecho de haberte sucedido, sea interesante tal cual te sucedió (esto vale tanto para escribir como para conversar).

Chéjov, que relata «pequeños hechos de gente pequeña», extrae minucias imprevistas, sutilezas que transforman en llamativos a esos personajes comunes. Puedes comprobarlo en *La gaviota*, en *El jardín de los cerezos* o en *Las tres hermanas*.

Observa en el siguiente fragmento de «Vecinos», un cuento de Raymond Carver, la cantidad de detalles concretos, por lo cual pudo ser llevado al cine:

Esta vez eligió una lata de sabor a pescado para la gata, llenó la jarra y fue a regar las plantas. Cuando volvió a la cocina, Kitty escarbaba en su caja. Al verlo, se quedó mirándole fijamente, y luego volvió a centrar su interés en la caja. Bill abrió todos los armarios y examinó las latas de conserva, los cereales, los comestibles empaquetados, los vasos de vino y de cóctel, la porcelana, la batería de cocina. Abrió el frigorífico. Olió unos tallos de apio, dio un par de bocados al queso Cheddar y entró en el dormitorio mordiendo una manzana. La cama parecía enorme, y la mullida colcha blanca llegaba hasta el suelo. Abrió un cajón de la mesilla de noche, vio un paquete de cigarrillos mediado y se lo metió en el bolsillo. Luego fue hasta el armario ropero y estaba abriéndolo cuando oyó que llamaban a la puerta.

Recordatorio

Toma nota de detalles minuciosamente observados en lugar de generalidades. La literatura enfocada en realidades detalladas es más fuerte que la que se pierde en abstracciones.

Evita el detalle previsible. Convierte determinados detalles en pistas que se pueden retomar. No recurras a la lógica de las acciones cotidianas que realiza la mayoría de la gente: si se recurre a ella, debe pedirlo el relato mismo. Ten en cuenta que algo pide ser contado porque no responde al automatismo de la vida.

Selecciona las minucias que «indiquen» algo más. Si los detalles son marcas, se usan de un modo muy específico, de modo que enriquezcan la escena o el momento narrado. Si hablas de una cerveza Quilmes viviendo en Barcelona, sugieres la nostalgia de un argentino.

Qué se consigue con los detalles:

- Arrojar luz sobre el relato.
- Particularizar la narración y, en ocasiones, hacerla memorable gracias a ese detalle (especialmente si caracteriza a un personaje).

- Dar credibilidad.
- Sugerir, en lugar de explicar.

Presta atención a los gestos mínimos, los objetos significativos, los elementos del paisaje que nunca habías mirado. Como señaló Julio Cortázar, «la clave consiste en buscar lo diferente en el espacio de lo cotidiano».

DÍA 2. DE TU EXPERIENCIA VIVIDA

Mediante una historia de vida recuperamos aquellos aspectos del pasado que son relevantes para el presente. ¿Cómo conseguir que la escritura sea el resultado de un proceso de exploración dentro de uno mismo, de la tarea de escucharse, con el fin de encontrar puntos novedosos, singulares, impulsores tal vez de un mundo novelesco o al menos literario?

Di si tomarte como eje de la escritura puede ser para ti (o te gustaría que lo fuera) alguno de los puntos siguientes:

- Un encuentro contigo.
- Un modo de conocimiento.
- Un recuento de tu experiencia para comprobar cómo ha sido tu vida y cómo quisieras que sea a partir de ahora.
- Un material para incorporar a la ficción.

Aquello que elijas determinará el enfoque.

En cualquier caso, se requieren una serie de actos, compromisos y tareas creativas para que el material recopilado sea más amplio, más eficaz, más peculiar. A esto lo llamo «mecanismos del yo» porque deben pertenecer a lo más auténtico e íntimo de un escritor. Son los siguientes:

- confiar en el mundo propio,
- creer que lo que escribes no lo ha escrito nadie antes,

- adoptar una actitud de confesión,
- evitar la lucha con el pudor,
- adoptar una actitud de asombro,
- mirar hacia dentro y hacia fuera,
- apelar a las obsesiones,
- evocar en sus diversas variantes,
- observar con todos los sentidos,
- atrapar los sueños,
- aprehender las huellas de tus lecturas,
- practicar el desdoblamiento,
- practicar la distorsión,
- derivar nuevos carriles,
- dirigirte a un interlocutor.

Recordatorio

Para profundizar en tu experiencia vivida recurre a estas metáforas:

- Avanza por el túnel hasta que veas o no veas la luz; es decir, acude en busca de lo oscuro, de lo que no sabes de ti.
- Traspasa muros hacia el otro lado de las cosas que te ocurrieron. Si eres capaz de cruzar esa frontera, aunque te sientas solo y desarmado o perdido, podrás sentirte más libre tanto en la vida como en la creación literaria.

Te conviene simplificar o modificar los episodios vividos para amoldarlos al eje narrativo.

DÍA 3. DE LAS PALABRAS

Un texto está hecho de palabras y espacios en blanco. Escribir es elegir las palabras. Uno de los procesos principales es apropiarse de las palabras, manipularlas y entender en qué contexto son más adecuadas unas u otras.

Incorpora palabras nuevas, una adjetivación precisa y metáforas apropiadas.

Recordatorio

Las palabras moldean los textos. Tienen, literalmente, el poder de crear y de destruir. No las subestimes. Pregúntate si son las acertadas o cámbialas por otras más ajustadas a lo que quieres decir.

Apunta una ocurrencia para cada una de estas palabras: *pereza, ociosidad, indolencia* y *holgazanería*, y verás que es mentira que existen los sinónimos absolutos.

Recuerda que puedes enfocar la misma palabra desde diferentes puntos de vista y con distintas funciones. Por ejemplo, la palabra *puente*. Describe un puente con imágenes o empléalo como metáfora. Úsalo como pretexto para hablar de tus estados interiores. Tómalo como lugar simbólico y real de un encuentro. Puedes continuar esta lista.

Deja que las palabras te orienten. Para Juan José Millás, hay dos actitudes: «Voy a ver qué digo» o «Voy a ver lo que dicen las palabras», tal como explicó en una entrevista; a veces las palabras quieren decir algo que tú no querías, pero que es bueno que escuches.

DÍA 4. DE UNA ESCENA

La escena se desarrolla ante los ojos del lector. Haz descripciones «íntimas» de la escena de modo que sugieran las emociones del protagonista y las acciones de los personajes para que los lectores experimenten la historia como si les estuviera sucediendo a ellos.

¿Qué permite una escena?

- Presentar un incidente crucial o un momento culminante de una historia.

- Indicar un pequeño incidente: un acto breve pero significativo que sirve como fondo o realce de una acción.
- «Mostrar» un episodio.
- Desplazar hacia los personajes el peso de la narración.
- Dar una impresión de acción «que está ocurriendo».

Las hay dramáticas: escenas detonantes, que desatan el conflicto. Escenas de clímax, que permiten cambiar la dirección del hilo de la trama. O no dramáticas: pueden escribirse como un puente a partir del cual la acción toma uno u otro rumbo. Pueden caracterizar a los personajes, como las de Proust. Pueden ser escenas preliminares en que las expectativas se confirman o se diluyen. Pueden presentar el diálogo. Pueden ligar una situación con otra, una atmósfera con otra.

Recordatorio

Te sugiero estudiar escenas de películas. Las películas cuentan historias. Por ejemplo, dónde situar una escena. Si colocas una escena en el punto correcto, conseguirás mostrar que algo se mueve, que algo está sucediendo.

En ocasiones, te convendrá «entrar» en tu novela por la escena final y trabajar el camino desde allí hasta el principio.

Para que en una escena haya tensión, nada debe resultar fácil para el protagonista. Si tiene que espiar a un sospechoso, no debería encontrar por casualidad un WhatsApp que contiene el dato que necesita, sino que debería costarle obtenerlo. Por ejemplo, intentando a través de distintos medios entrar en la oficina del sospechoso para hacerse con el móvil.

Decide específicamente cuál es el objetivo inmediato del protagonista en la escena.

Emplea tu atención para captar la vida. Saber mostrar, pero también hacer entender, sentir y vivir un lugar, una atmósfera, una escena.

DÍA 5. DE TU PROTAGONISTA Y OTROS PERSONAJES

Los personajes pueden provenir, tanto el protagonista como los secundarios, de personas reales que conoces. Aunque no es necesario que plasmes todos sus rasgos, debes construirlos creíbles para el lector. Puedes incorporar rasgos de varias personas, las mezclas suelen dar buenos resultados.

Asimismo, los personajes deben provocar los hechos. Si tu protagonista es víctima de las circunstancias, enfréntalo a los hechos y permítele conducir la acción, acabe esta bien o mal.

La construcción de los personajes no es unilateral y absoluta. Es relativa. Cada lector vive un tipo de cosas frente a un protagonista y frente a un secundario. También los personajes cumplen distintas funciones unos respecto a otros y se miran de forma diferente entre ellos. Por consiguiente, créalos con suficientes matices. No conviene que sean blancos o negros, es mejor que sean grises, así tienen opción de cambiar.

Tus personajes son tus aliados, indaga en el interior de cada uno de ellos para desvelar sus dolores y sus dudas, sus pasiones y sus preocupaciones. Y si al mostrar a uno de ellos en una escena, una vez que la has escrito, te sientes frustrado al percibir que no has logrado más que un personaje acartonado, ¿qué crees que pasó? La respuesta es simple: no supiste dar con el lenguaje apropiado para ese personaje. Debes encontrar el lenguaje exclusivo de tu personaje. Construye una escena perteneciente solo a su universo sensorial.

En resumen, tus personajes son tus aliados, pero tú también debes ser el suyo.

Recordatorio

Si estás trabajando en una historia y no te lleva a ninguna parte, el problema puede estar en tu protagonista y no en la trama.

Es conveniente conocer profundamente la personalidad de tu personaje, sus motivos y su trasfondo, y así sabrás cómo puede avanzar la trama. Si el personaje estrella eres tú, deberás indagar en tu verdad emocional para que la historia autobiográfica avance. Investiga lo que te pasa y lo que no te pasa. Concibe el personaje que elijas de modo particular y por alguna razón. Observa sus pasos todo el tiempo y no te desvíes siguiendo la vida de otros personajes que aparecen en el camino y finalmente no tienen importancia ni se retoman. No le robes su lugar. No te detengas en la descripción del paisaje o de otras cuestiones dejando al margen al pobre personaje, que deberá esperar hasta que el narrador haga pasar la historia por él. Conviene que el personaje tenga una parcela secreta.

Procura ir mostrando a tus personajes poco a poco para que conserven un halo de misterio, de modo que nadie adivine lo que va a ocurrir; deja entrever su deseo más íntimo, pero no su destino, aunque al final los lectores comprendan los motivos de sus cambios.

Particulariza a tu protagonista mediante rasgos especiales. Así, por ejemplo, ciertos rasgos físicos han hecho memorable la figura de algunos detectives de la literatura policíaca y cómica:

- La cojera: Manny Moon, de Richard Deming.
- La ceguera: Max Carrados, de Ernest Bramah.
- El enanismo: Robert «Mongo» Frederickson, de George C. Chesbro.
- La complexión atlética: Kinsey Millhone, de Sue Grafton.
- Las piernas largas: Ellery Queen, de Ellery Queen.
- La gordura: el Padre Brown, de G. K. Chesterton.

Y en el humor, el gordo, es risible y entrañable:

- Sancho Panza, del *Don Quijote* de Cervantes.
- El gordo de El gordo y el flaco, Laurel y Hardy, personajes del cine que retoma Osvaldo Soriano en *Triste, solitario y final*.

- Alphonse Daudet en *Tartarín de Tarascón* da vida a un gordo bonachón y bajito.

DÍA 6. DE LAS PREGUNTAS CREATIVAS

Preguntarte acerca de qué quieres hablar es ineludible, ya sea al inicio de tu libro o a medida que avanzas en él.

Chéjov creía que lo más necesario en la vida era la justicia y alzó la voz contra cualquier tipo de injusticia a través de la escritura. Por lo tanto, uno de sus consejos para la escritura y para la vida era «no mentirse a sí mismo». Y de eso hablaba.

Para asegurarte de que lo que pretendes decir proviene de tu verdad interior, un buen sistema es hacerle preguntas a tu protagonista. Una escritora decía que, aunque su protagonista se parecía mucho a ella, tomaba decisiones que ella no hubiera tomado.

Y un método que puedes aplicar para nutrir tu libro y aclararte sobre el asunto que vas a tratar es el socrático. Mediante sus insistentes preguntas a sus interlocutores, Sócrates trata sobre diversos temas. Una pregunta le lleva de un tema a otro. Así, por ejemplo, partiendo de la cuestión de la lealtad a la patria acaba reflexionando sobre el conocimiento. Esta podría ser la secuencia de preguntas: ¿es el patriotismo una virtud?, ¿qué es la virtud, entonces?, ¿la justicia?, ¿y qué es la justicia?, ¿se puede llegar a saber esto?, ¿y qué es el conocimiento?, ¿cómo puedo saber si conozco o solo creo que sé?

Puedes hacer lo mismo con un dilema. Ya se sabe que en el inicio de una obra de ficción o no ficción es habitual la existencia de un dilema.

Recordatorio

Hazte preguntas recurriendo a los cinco sentidos cuando quieras hacer vívida tu historia y dejar que el lector sienta el anhelo o el conflicto del personaje: la vista, el tacto, el oído, el olfato y el gusto.

¿Qué podrías ver? Una mirada a las paredes y a los árboles de hoy te ayudará a describir las paredes y árboles de ayer. ¿Qué sentías al tocar las barandas de aquella escalera? ¿A qué momento te conduce ese sonido metálico? ¿Qué sabores se grabaron en tu memoria y por qué? ¿La paella?, ¿el café fuerte?, ¿un sorbete que burbujea en tu lengua?, ¿el gazpacho?

¿Qué aroma te transporta a un momento especial? ¿Un perfume de Nina Ricci?, ¿los naranjos de tu barrio?, ¿la gasolina?

DÍA 7. DE LOS SILENCIOS

«La palabra y el silencio son una sola cosa: la palabra está hecha de silencio. Al igual que el silencio está hecho de palabra», dice Max Picard en su ensayo *El mundo del silencio*.

Por otra parte, puesto que una novela muestra solo una parte de la realidad narrada y silencia el resto, el lector es quien otorga la significación a ese silencio y a los espacios en blanco entre las palabras.

Captar una parte de un todo es lo que Ernest Hemingway denominó la teoría del iceberg en *París era una fiesta*: «Si un escritor en prosa conoce lo suficientemente bien aquello sobre lo que escribe, puede silenciar cosas que conoce, y el lector, si el escritor escribe con suficiente verdad, tendrá de estas cosas una sensación tan fuerte como si el escritor las hubiera expresado. La dignidad de movimientos de un iceberg se debe a que solamente un octavo de su masa aparece sobre el agua. Un escritor que omite ciertas cosas porque nos las conoce, no hace más que dejar lagunas en lo que describe».

También el silencio puede estar representado por las voces de los personajes cuando monologan. Dice Antonio Tabucchi: «Todos estamos un poco locos, habitados por voces, todos hablamos con nosotros mismos y hablamos en silencio».

O puede ser muy sugerente. En la narrativa, un ejemplo excelente es una escena de *Madame Bovary* en la que un silencio elocuente sugiere el intenso acto erótico en el interior de un coche tirado por caballos que recorre las calles de la ciudad. El narrador describe los movimientos dentro de ese coche y recoge las órdenes al cochero: «¡No pare! ¡Siga!». Consigue transmitir la turbación aunque no aparezcan los protagonistas.

En la poesía, el silencio entre verso y verso también es muy sugerente cuando el poema es bueno. Puede responder al tema del que necesitas hablar, como hace Michel Houellebecq con el protagonista de *Plataforma*. Sobre él, explica el tema del desapego familiar así: «Con el "yo" se puede trabajar más a fondo la autobiografía del personaje. Permite al escritor ser mucho más flexible, es la persona gramatical que me permite ser más sin forma, más informe. Buscaba un individuo que no opinara sobre nada, ni sobre la muerte de su padre ni sobre turismo sexual ni sobre arte contemporáneo: alguien que se da cuenta de lo que ocurre, pero no participa mucho. Y aunque a veces opine, deja hablar a la gente a su alrededor, deja que actúen, pero él no participa, no quiere suscitar reacciones. No toma muchas iniciativas, pero si hay un lugar de masaje en el hotel, va directo, si tiene que atravesar media ciudad para conseguirlo no va, aunque sabe apreciar cuando se le propone algo bueno».

Recordatorio

Puede silenciarse parte de una oración mediante una elipsis, que dota de mayor agilidad al texto.

En «Colinas como elefantes blancos», de Hemingway, un chico y una joven hablan de hacer algo o no hacerlo, y de lo que significa, pero nunca mencionan la palabra *aborto* ni la vida que ella está engendrando. Hay que deducirlo.

La elipsis, presente en esos espacios y en esos huecos (al no saber casi nada de los personajes) que dejan los relatos de

Carver, podría funcionar como fragmentos de otro libro que cada lector puede completar en su imaginación.

Cada vez que el narrador opta por un enfoque o una perspectiva, está silenciando las demás.

Recuerda que el silencio no es ausencia ni carencia, no es falta de sonido, puesto que contiene múltiples voces. Escúchalo en sus variantes y escribe a partir de su profundidad.

Sándor Márai dice en sus memorias *¡Tierra, tierra!*: «En la literatura, así como en la vida, solo el silencio es sincero».

DÍA 8. DE UN CONFLICTO

Todos afrontamos en algún momento conflictos de alguna clase, ya sean externos o internos, vinculados a la inseguridad, la indecisión, el miedo, la dificultad para tomarnos las cosas en serio... También deben plantearse en una narración.

En la ficción, el problema nunca se resuelve inmediatamente. Si así fuera, no habría oportunidad de desarrollar gradualmente el relato (cuento o novela), la manera en que el personaje encuentra una solución o no.

Generalmente, un conflicto central da inicio a la historia y se resuelve al final: los personajes tienen conflictos internos y entre ellos, y se mueven en función de estos conflictos o en la búsqueda de una solución.

Pero no se trata de oponer a dos contrincantes, sino de mostrar sus diferencias y una mínima coincidencia que dé lugar al conflicto y que este permita que la trama avance. Recuerda conflictos que hayas vivido y lo entenderás con claridad: por ejemplo, deseabas hacer un viaje y tus padres no te lo permitieron (las diferencias: los deseos opuestos; la coincidencia: que tú querías seguir viviendo con tus padres).

La tensión es la clave que mantiene pendiente al lector, se alimenta del conflicto.

Recordatorio

No te detengas demasiado tiempo en la atmósfera antes de llegar a la esencia del conflicto. Recurre a los puntos de giro para que el conflicto se mantenga latente. Se puede potenciar la tensión no revelando cierta información hasta el final. Los pequeños momentos de tensión en los que la historia deriva hacia nuevos derroteros también son efectivos.

En general, una historia contiene un momento crucial después del cual la vida de un personaje ya no es la misma. La pregunta que puedes hacerte en esta dirección es: ¿qué va a pasar o qué acaba de pasar para que este momento sea notable?

Ten siempre presente el dilema que se debe resolver, ello te ayudará a encontrar soluciones en los lugares menos pensados. Como Gabriel García Márquez, que encontró la solución a su novela de dictadores leyendo un prólogo sobre elefantes.

DÍA 9. DE LAS CONJETURAS

Una conjetura es una afirmación basada en indicios imaginarios y no en certezas: conjeturar es suponer. Si imaginamos que algo va a suceder basándonos en una intuición o si tenemos un presentimiento y a partir de este afirmamos que algo va a ocurrir, estamos conjeturando.

La duda acompaña a cualquier conjetura, lo opuesto es la certeza.

Conjeturas las hay de muchos tipos; por ejemplo, las que pretenden explicar un conocimiento (hipótesis), las que buscan obtener conclusiones seguras a partir del conocimiento previo (consecuencias lógicas) y las que solo pretenden explorar más ese conocimiento (especulaciones).

Luis Sepúlveda escribió el cuento «Alguien espera gardenias allá arriba», incluido en su libro *Desencuentros*, en el que un personaje le lleva un ramo de gardenias a la chica de la que cree estar enamorado. Sin embargo, ante la puerta de su casa da media vuelta y deja las gardenias. Estas se acabarán marchitando mientras él conjetura que la chica está llorando.

Recordatorio

Algunas coincidencias creemos que son producto del azar y tal vez habría que buscar las causas. Para ello, las conjeturas son un buen recurso. Un ejemplo es el que muestra Fiódor M. Dostoyevski en este párrafo de *El idiota*: «En uno de los vagones de tercera habían venido a coincidir, desde el amanecer, dos pasajeros; iban sentados el uno enfrente del otro, junto a la ventanilla; los dos eran jóvenes, los dos viajaban sin equipaje y vestían sin elegancia, los dos tenían una fisonomía bastante llamativa y, finalmente, los dos estaban deseosos de entablar conversación. Si cualquiera de ellos hubiese sabido en ese momento lo que el otro tenía de singular, indudablemente se habría sorprendido de que el azar los hubiese reunido de un modo tan extraño en aquel vagón de tercera clase del tren que enlazaba San Petersburgo con Varsovia».

De hecho, hay quienes están convencidos de que todo sucede por algo. Así pues, no desestimes las conjeturas como herramienta de apertura. Si todo sucede por algún motivo, baraja las posibles causas de algo que te esté sucediendo y haz suposiciones sobre las posibles consecuencias. Tal vez entre esas causas y esas consecuencias esté contenida tu novela.

Puesto que las imprecisiones y las incertezas de las narraciones permiten al lector plantear sus propias conjeturas para encontrar un sentido, ten en cuenta como autor que es poco recomendable que sepas todo de antemano sobre tu historia. Conviene que conozcas las preguntas, pero no las respuestas. Son muchos los escritores experimentados que prefieren hacerlo así. Conjeturar es también un buen ejercicio para la imaginación.

DÍA 10. DEL MONÓLOGO INTERIOR

Al emplear el monólogo interior como punto de vista desde el cual enfocar lo narrado, permitimos que el lector entre en contacto «directo» con la vida psíquica del personaje. Ni más ni menos. Por eso suele tentarnos y abusamos de su empleo. Entonces corremos el riesgo de profundizar en ciertos personajes que no nos interesan demasiado o trabajar con el monólogo superficialmente.

Constantemente monologamos o dialogamos con nosotros mismos. Es una experiencia mental.

Ese permanente murmullo que nos habita es lo que intentamos transformar en escritura. El narrador en primera persona del monólogo interior se instala en la conciencia del personaje.

La mujer justa, de Sándor Márai, está narrada por tres voces, tres monólogos diferenciados dirigidos a un interlocutor que apenas habla. La primera voz muestra el impacto emocional del personaje frente a lo que alcanza a ver; hay un requerimiento:

> Fíjate en ese hombre. Espera, no mires ahora, gírate hacia mí, sigamos charlando. Si mirase hacia aquí podría verme y no quiero que me salude... Ahora sí, ya puedes mirar.

La segunda voz informa, no muestra emoción a pesar de que evoca un momento duro:

> ¡Eh, fíjate en esa mujer! Junto a las puertas giratorias. ¿La rubia del sombrero redondo?
>
> [...]
>
> Hace un momento estaban sentados allí, en la mesa del rincón. Me fijé en ellos en cuanto entraron, pero no quise decirte nada; creo que ellos ni siquiera me han visto. Ahora que se han ido puedo contártelo: ese era el hombre con el que tuve aquel estúpido y patético duelo.

La tercera voz es más tierna, menos tensa que las anteriores, y hay comunicación entre ambos hablantes:

> ¿Qué estás mirando, corazón?... ¿Las fotos? Míralas con calma. Así por lo menos no te aburres mientras preparo el café.
> Espera, voy a ponerme una bata. ¿Qué hora es?... ¿Las tres y media?
> Voy a abrir un momento la ventana.

Es posible que empieces narrando en primera persona, pero si en un momento del relato el narrador-personaje tiene la necesidad de exponer su caos interno, su incoherente yo interior, debes recurrir al monólogo interior como William Faulkner en *El ruido y la furia*.

Recordatorio

Recuerda que un monólogo interior puede contener pensamientos y reflexiones, y registra la variación de matices existentes en función de cada personaje. Así, los personajes pueden pensar, meditar, analizar, cavilar, razonar, creer, especular, discurrir, recapacitar, considerar, presentir, planear, etc. Al colocar al personaje frente al monólogo, te conviene planear las siguientes cuestiones para que tenga consistencia y resulte acorde con su personalidad y con el momento vivido en la historia:

- Qué momento de su vida atraviesa.
- A qué razones responde.
- En qué lugar está.
- Si está solo o acompañado.
- Cuál es su estado de ánimo: estable o variable.
- Qué está haciendo mientras tanto.
- Cómo es normalmente su carácter.
- Cuál es su actitud ante la vida.

Una combinación que da mucho juego es la del diálogo y el monólogo alternados, agiliza las voces.

DÍA 11. DEL INTERLOCUTOR

También al personaje se lo conoce según a quién se dirija y para qué.

Así, puede impactar, dar pena, ser aprobado... Depende en buena medida de dicho interlocutor. No es lo mismo si le habla a un extraño que a un íntimo, si es un interlocutor casual o escogido, indiferente o confidente.

Puede hacerle una confesión íntima a un amigo, a una amante, a alguien en quien confía lo suficiente como para poder contarle sus intimidades, puede presentar un caso ante los tribunales, puede desnudar su corazón en una carta que nunca enviará...

En suma, el interlocutor puede ser interno o externo. Por interno, me refiero a que puede ser un interlocutor ideal que albergas en tu interior. Por externo, me refiero a un coprotagonista al que el protagonista se dirige o un personaje secundario. Sus funciones son variadas: acompañan, provocan un cambio en el protagonista, lo ponen a prueba, aportan información...

Incluso es una buena herramienta para perfilar el tono emocional: no utiliza el mismo tono, léxico incluido, según a quién se dirija. Si bien cada personaje tiene una voz, los matices no serán los mismos dependiendo de a quién se dirija.

Águeda Soler, la protagonista de *Lo raro es vivir*, de Carmen Martín Gaite, se relaciona con un interlocutor diferente en cada capítulo: la madre muerta; el padre que «toma indecisiones»; el abuelo ingresado en un geriátrico; Roque, un antiguo novio; Rosario, la profesora de las gafitas; Moisés, el camarero; una compañera de trabajo; el arquitecto con quien convive; su gato. De este modo su historia se va perfilando.

Recordatorio

Si haces hablar a un protagonista, no te olvides de diferenciarlo de su interlocutor y controlar que su forma de expresarse se deba a alguna razón. En todos los casos, si transcribes un diálogo, es porque quieres contar algo a través de él. No habla igual un adolescente que se dirige a su madre que un marido que conversa con su esposa, o una mujer mayor que se dirige a su jefe o a su amiga. Cada uno presenta rasgos vinculados a su edad y al grado de relación con el interlocutor. El grado de emotividad en juego entre ambos también será distinto.

Frente al bloqueo, te recomiendo que te dirijas a un interlocutor, pues la compuerta suele abrirse si lo que escribes se lo cuentas a alguien, ya sea real o imaginario.

DÍA 12. DE LOS OBSTÁCULOS

Los obstáculos dificultan el avance de los protagonistas o los desvían hacia objetivos inesperados o no deseados, lo que genera tensión.

Pueden provenir del exterior, de un antagonista externo —un enemigo, un rival, un competidor, las fuerzas de la naturaleza, etc.—. En la historia de *Romeo y Julieta* la pareja se enfrenta a sus respectivas familias porque les prohíben la relación.

Los obstáculos también pueden proceder del interior de los personajes: un antagonista interno (una duda, un miedo, un defecto, etc.) que les impide alcanzar lo que desean. Por ejemplo, una chica se enamora, pero sus miedos e inseguridades le impiden comprometerse en una relación duradera, o esconde algún secreto de su pasado y teme que, si el chico del que se ha enamorado lo descubre, la pueda rechazar, etc.

El núcleo del relato puede contener otros obstáculos que dificultan el cumplimiento de un deseo, como en el cuento infantil *La boda de mi tío Perico*, en el que los personajes secundarios entorpecen que el invitado pueda asistir a la fiesta. La tensión continuada se deriva de la lucha por alcanzar una meta. La tensión puntual se deriva de salvar los obstáculos puntuales que tienen que afrontar los personajes. La narración en torno a un protagonista que supera los obstáculos para alcanzar un objetivo importante es una de las cuatro tramas clásicas. Y es la más común en los romances y en los relatos de aventuras. En *Cumbres borrascosas*, el principal objetivo de Heathcliff es encontrar a Cathy. En *La isla del tesoro* lo importante es obtener el tesoro.

Recordatorio

La manera de complicarle la vida al protagonista no es colocar un tigre en su camino, ni la solución se logra con una casualidad.

DÍA 13. DE LA COMPARACIÓN

Además de comparar dos cosas entre sí, como las dos noches propuestas en el ejercicio, las comparaciones pueden ser:

- Insólitas, como esta de Carmen Martín Gaite, en *Caperucita en Manhattan*: «Palabras como flores silvestres».
- Ilustrativas, como las de Murakami en sus novelas. De *Baila, baila, baila*: «Era un hotel triste como un perro negro de tres patas empapado por la lluvia de diciembre». De *Escucha la canción del viento*: «… los sueños que ella había abrigado a lo largo de setenta y nueve años se esfumaron en silencio, sin dejar rastro, igual que las gotas de un aguacero de verano revientan contra el asfalto de la calle».

Las comparaciones permiten sugerir una atmósfera. Como recurso de estilo, establecen semejanzas y diferencias entre dos conceptos, dos objetos, dos elementos, dos realidades, y son un mecanismo básico del conocimiento y la creatividad. Nos permiten dar a entender e imaginar. Las puedes emplear cuando necesitas ampliar la significación de una situación. Puedes utilizarlas para intentar definir con precisión algo difícil de explicar. Así lo hace José Saramago en *Ensayo sobre la ceguera*: «Sí, doctor, Como una luz que se apaga, Más bien como una luz que se enciende, Había notado diferencias en la vista estos días pasados, No, doctor».

Recordatorio

Ten en cuenta que la esencia de la comparación es la metáfora y que la metáfora forma parte de nuestra manera de pensar, de entender el mundo. Recurre a la que te resulte más adecuada:

Ella es (tan bonita como) una rosa. > Ella es una rosa.
Mi marido es (como / tan débil como) un junco. > Mi marido es un junco.

En ambas hay dos planos o términos: el real (ella/mi marido) y el evocado o imaginario (rosa/junco), evidentes en la comparación. En la metáfora se sugiere el real. Te conviene recurrir a una comparación para condensar las descripciones.

DÍA 14. DEL MOTIVO TEMÁTICO

Los motivos temáticos deben aparecer a lo largo del relato. No son ideas, sino señales indirectas, alusiones; por ejemplo, una esquina oscura o un espejo situados estratégicamente a lo largo de la historia refuerzan la idea principal del relato.

Pueden ser un objeto, un deseo, un estado de ánimo, una pasión, etc. Constituyen el hilo conductor: un personaje persigue algo y lucha por conseguirlo. O conducen la historia al éxito o al fracaso, de modo ambiguo o específico.

Suelen funcionar como soporte de la intriga. En *La casa del canal*, de Simenon, los motivos temáticos son las reacciones de la protagonista, una serie de contrastes que la vinculan al ambiente, a su familia, a su inacción, a su contemplación, a su instigación y a la acción de los otros. En *La mala hora*, de García Márquez, los motivos son los pasquines. En *Brooklyn Follies*, de Paul Auster, los espacios. El espacio de la ciudad que habita está lleno de hitos que ordenan la vida, cada uno con su propia significación: una cafetería donde conoce a una camarera latina de la cual se enamora; una librería de viejo donde traba amistad con un librero; un vecindario activo. En *Pedro Páramo*, de Juan Rulfo, los motivos son las diferentes formas de ausencia de un padre.

Recordatorio

Elige los motivos temáticos que te conmuevan por alguna razón. Si bien un nudo obsesivo puede ser un motivo temático y generar toda la obra de un escritor, el problema surge cuando, en lugar de reparar en la obsesión como en un manantial constante, tratamos de tomar un desvío para escapar de ella; cuando, en lugar de hacerla producir literariamente al desnudo, la disfrazamos; cuando, en lugar de dejarla actuar como motor, la convertimos en una anécdota.

Pregúntate si el motivo temático que eliges podría ser un gran desencadenante de recuerdos como la magdalena de Proust.

DÍA 15. DEL TIEMPO

El tiempo cronológico de la historia que narras se trastoca y responde a un plan temporal basado en los siguientes aspectos:

- El orden, según el sentido que quieras otorgarle al relato: puedes iniciarlo por el principio, pero también por el medio o por el final. Puedes emplear el flashback; las anticipaciones, mostrando lo que puede llegar a ocurrir mediante indicios o sugerencias (que pueden ser confirmadas o desmentidas al final del relato). O puedes recurrir a la acronía, narrando sin tener en cuenta la cronología, pero creando una armonía entre esos datos desordenados referidos generalmente al mismo nudo narrativo.

- La duración, según comprimas o dilates lo narrado: puedes escoger lapsos de tiempo y alargarlos de acuerdo con las necesidades narrativas del relato. U omitir otros períodos de tiempo. Es habitual que la trama de una novela obligue al lector a detenerse en una hora o en un día concretos —descritos minuciosamente a lo largo de muchas páginas— y, en otro lugar, dé un salto de años al pasar de un párrafo a otro.

- La frecuencia es el número de veces que un suceso (o sucesos) es representado en el discurso (o tiempo de la narración) en relación con el número de veces que el suceso (o sucesos) tiene lugar en la historia (o tiempo de los acontecimientos narrados). Entre otros ejemplos, se relata varias veces un acontecimiento ocurrido una vez, se relata una vez en las evocaciones del protagonista o se relata una vez lo que ha sucedido varias veces.

Recordatorio

Un antes y un después. Es conveniente que, aunque no la expliques de modo explícito, conozcas la vida previa de los personajes: nacieron, crecieron y tuvieron una historia personal antes del comienzo de la trama. Asimismo, esas vidas (y ese mundo ficcional) seguirán existiendo después del final de la trama.

Si se trata de una acción habitual deberías buscar variaciones al presentarla cada vez para que no pierda el interés: desde un punto de vista distinto, por distintas razones, etc.

Calcula previamente el tiempo que transcurre desde la primera secuencia de la historia narrada hasta la última, aunque haya saltos temporales. Y decide a qué tiempo va a recurrir la voz narrativa (pasado, presente o futuro).

DÍA 16. DE LAS FRASES

Las frases se agrupan en párrafos y debes tener muy en cuenta la puntuación.

Frases breves independientes, separadas por punto seguido, pueden constituir un párrafo, como muestra este fragmento del cuento «Veía hasta las cosas más minúsculas», de Raymond Carver:

> Estaba en la cama cuando oí la verja. Escuché con atención. No oí nada más. Pero oí eso. Traté de despertar a Cliff. Estaba como un leño. Así que me levanté y fui hasta la ventana. Una gran luna descansaba sobre las montañas que rodeaban la ciudad. Era una luna blanca, cubierta de cicatrices. Hasta un imbécil podría ver una cara en ella.

Un párrafo también puede formarse con una frase larga constituida por varias frases breves independientes que remiten a la misma idea, separadas entre sí por comas, dos puntos y comas, como muestra este fragmento de *Cien años de soledad*, de Gabriel García Márquez:

> Los escribía en los ásperos pergaminos que le regalaba Melquíades, en las paredes del baño, en la piel de sus brazos, y en todos aparecía Remedios transfigurada: Remedios en el aire soporífero de las dos de la tarde, Remedios en la callada respiración de las rosas, Remedios en la clepsidra secreta de las polillas, Remedios en el vapor del pan al amanecer, Remedios en todas partes y Remedios para siempre.

Si te gustan las frases largas que generalmente contienen oraciones subordinadas, puedes hacer como Henry James, para quien la oración principal expresa la «verdad», mientras que las subordinadas enuncian las dificultades de la vida, que nos impiden aprehender esta verdad: condiciones imperfectas de observación, desfallecimientos posibles de la memoria, la parcialidad de ciertos testimonios, los indicios discordantes, etc.

También una frase puede funcionar como punto de giro. Por ejemplo, en «La dama del perrito», de Chéjov. En el principio, encontramos a los dos protagonistas (Ana y Dmitri) que se ven y pasean juntos, etc., hasta el primer punto de giro. Ocurre en el embarcadero y se trata de un beso. Se abre la pregunta: ¿estamos ante una aventura? Ese beso eleva la tensión del relato y el riesgo de los personajes, y nos preguntamos: ¿qué ocurre después? Después se potencia con la frase que Dmitri pronuncia: «Vamos a tu cuarto». Ese es el segundo punto de giro que insinúa la aventura, y a partir de allí el relato avanza.

Es muy conveniente condensar la historia completa en la primera frase, como hace Franz Kafka en *El proceso*: «Alguien debió de haber calumniado a Josef K., porque sin haber hecho nada malo, una mañana fue detenido».

Y es tan determinante la primera frase como la última, sobre todo cuando hay una conexión contrastante entre ellas. Así lo hace Louis Aragon en *Aurélien*. Al inicio: «La primera vez que Aurélien vio a Bérénice, le pareció francamente fea. En fin, que no le gustó nada». Al final, la novela se acaba con el gesto de Aurélien levantando la cabeza de Bérénice muerta, la única a quien él amó.

Recordatorio

Pon siempre al final de la frase lo que quieres destacar como más memorable. Lo último que digas es lo que al lector le quedará más presente. No es lo mismo escribir «Rosita fue asesinada por la noche» que «Por la noche, fue asesinada Rosita». En el primer caso, el escritor puso el acento en el momento del día en que Rosita fue asesinada. En el segundo, en el hecho narrado. Reflexiona acerca de la relación entre lo que una frase dice y su efecto sonoro. Para Jean Echenoz, el hecho de plantearse una frase, un párrafo o un capítulo, es decir, buscar un ritmo particular, forma parte de su estética personal. «Cuando construyo una frase determinada, cuando trato de precisar lo que esa frase está encargada de decir, busco efectos de sonoridad. Tiene que bascular la frase, si uno se queda con lo que había planeado no acaba de cuajar». Así, un día dejó de escribir «diálogos clásicos». «Me parecía artificial. Abandonarlo fue intentar no pasar por un artificio. Hubo un momento en que el diálogo me parecía algo demasiado fácil. Y decidí dinamitarlos e integrarlos en el texto sin escisiones», comentó en una entrevista.

Trata de escribir algunas frases memorables. Por ejemplo, ha perdurado la frase «Siempre nos quedará París», de la película *Casablanca*, dirigida por Michael Curtiz, que Humphrey Bogart le dice a Ingrid Bergman al separarse ambos y que se sigue aplicando en cualquier situación para destacar el valor de un recuerdo. Otro ejemplo es «No has visto nada de Hiroshima», de *Hiroshima mon amour*, de Marguerite Duras, una historia de amor imposible entre dos personas que se encuentran a pesar de sus diferencias.

Es posible que estos autores hayan escrito estas frases perdurables en ejercicios espontáneos como los del presente libro y después las hayan integrado en sus respectivas historias.

DÍA 17. DE LAS ACCIONES

Una acción central y dos o tres acciones menores sostienen la trama y se conectan con numerosas acciones accesorias que corresponden a las acciones de los personajes. En *Veinticuatro horas en la vida de una mujer*, de Stefan Zweig, una mujer resuelve un día liberarse de las ataduras: esa es una acción del personaje y la acción de la novela. En *El baile*, de Irène Némirovsky, una adolescente lleva a cabo una venganza cuando siente que sus padres la rechazan, la dejan al margen: esa es acción del personaje y la acción de la novela. Las acciones del protagonista tienen que interesarle al lector. Para ello, «lo peor» o «lo mejor» debe ocurrir en la página, frente a los ojos del lector.

Hay acciones que son fruto de la actuación de un personaje, la cual, junto a sus gestos y actitudes contribuyen a caracterizarlo. Los cambios en las acciones y conductas de los personajes constituyen la historia. A menudo suelen combinarse acciones y gestos en los relatos.

Íntimamente asociados a las acciones están los indicios y el clímax:

Los indicios o anticipaciones ofrecen una pista, una pincelada de algo que genera curiosidad en el lector y que debe ser retomado más tarde: serán o desmentidos en el desarrollo o en el desenlace: por ejemplo, el primer picotazo que un pájaro da en la cabeza de la protagonista en una de las primeras escenas de *Los pájaros*, de Alfred Hitchcock, anticipa los ataques a gran escala de las escenas culminantes.

El clímax es el punto álgido de la historia, el momento dramático en el que el personaje principal suele comprender algo relacionado con el conflicto, que hasta ese momento se le escapaba, y en consecuencia toma una decisión que precipitará los acontecimientos hacia su final. Suele separar el desarrollo de la conclusión. Por ejemplo, descubre algo que lo conmociona y, a causa de su decisión, sigue un momento de máxima tensión. Al clímax se opone el anticlímax, en el que la tensión creciente se resuelve con calma; por ejemplo, el personaje descubre algo que lo conmociona, pero pronto se da cuenta de que está equivocado.

Recordatorio

Ten en cuenta que un cuento con mucha tensión producida gracias a las acciones mínimas puede perderla si al final todo se resuelve con una mera explicación.

Controla cómo se organizan las acciones en tu relato, ya sea siguiendo un orden lógico y cronológico, o bien un orden libre. Expresar la acción en presente permite escenificar los hechos como si ocurrieran «en presencia» del lector; en pasado, trabajar en distintos planos y diferenciar con mayor claridad las acciones principales de las secundarias.

El ritmo del relato depende de la distribución de los acontecimientos: más o menos veloz, más o menos lento.

DÍA 18. DE LAS EVOCACIONES

Una evocación puede ser más reciente o más lejana. Para que se convierta en el motor de una novela, lo importante es que te resulte enigmática, te permita hacerte preguntas y obtener conclusiones a partir de las respuestas.

Tahar Ben Jelloun cuenta que *El último amigo* es una ficción escrita a partir de un hecho que les sucedió a dos amigos mayores que él: cuando uno de ellos enfermó, prohibió al otro que lo visitara. ¿Cómo tiró del hilo de esa evocación? Es interesante la explicación de su proceso, que compartió en una entrevista: «Tomé esta idea como punto de partida e intenté ver cómo se llega a este tipo de ruptura. Me intrigaba un comportamiento así, lo que me llevó a reflexionar acerca de la amistad, sus cimientos, sus características y sus ambigüedades. Ya he escrito un libro sobre la amistad, *Elogio de la amistad*. Hay lectores que creen que es una autobiografía. Es un error, aunque, como todo novelista, nutro la ficción de cosas vistas, oídas e incluso a veces vividas por mí. En este libro, me he inspirado en mi adolescencia y he contado mi propia experiencia en el campo disciplinario del ejército. El resto es totalmente inventado, ¡por suerte! A veces, la gente de temperamentos opuestos se desespera por construir una relación de amistad. Se suele creer que las diferencias acercan. Yo lo creía, pero no lo creo más. Ahora pienso que hace falta una mínima base de entendimiento en torno a lo esencial. Esto es válido para toda relación durable, ya sea una amistad o una relación amorosa e incluso conyugal. El problema esencial es la soledad. Chéjov decía "si usted teme la soledad, no se case". A veces, el temor a la soledad nos hace cometer graves errores. Este temor es la base de tantos malentendidos y acciones indeseadas que la gente se olvida de hacerse las verdaderas preguntas».

El mecanismo podría ser el siguiente: vives un momento que queda fijado en tu memoria. Un desencuentro, por ejemplo. Lo tomas como punto de partida de una novela. Reflexionas y te planteas preguntas sobre cómo se puede haber llegado a ese desencuentro. Y aquí pones en funcionamiento tu imaginación. Entre otras posibilidades, surge la idea de que los temperamentos opuestos no acercan a dos personas (al contrario de lo que a menudo se dice). Y llegas a la conclusión de que la soledad es mala consejera, puesto que lleva a relaciones que no convienen.

Aquí están los hitos para una novela.

Recordatorio

Básicamente, la memoria que hay que activar es la memoria emotiva. No cuentes los hechos porque objetivamente fueran así, sino porque te llegaron así.

Evoca una situación triste, por ejemplo, y aplica el recuerdo del sentimiento de tristeza a la historia que estás escribiendo, aunque sea distinta a lo vivido.

DÍA 19. DE LA DESCRIPCIÓN

Una descripción fiel, completa, concisa y significativa permite transmitir impresiones como la repulsa, el temor o la sensualidad, e ideas como el movimiento o la detención; la inclusión de los detalles es una cuestión prioritaria.

Usar una marca puede ser una manera fácil de describir exactamente el estado o el estatus de un personaje o de un lugar: un bolso de Chanel ofrece una imagen muy diferente a uno de Primark. Y un elemento de la naturaleza debería tener una historia particular.

Si es un lugar, sea el que sea, muéstralo de un modo particular. Cada escritor describe de manera diferente un cementerio, una iglesia o la habitación de un hotel. La manera de presentarlos depende de tu modo de pensar, de tu opinión acerca de esos lugares y de la carga emocional que pongas como consecuencia de esa opinión. Y el personaje es quien lleva la parte activa en la expresión de esos sentimientos, el que participa de esa descripción porque le afecta de alguna manera.

Retomo nuevamente a Jean Echenoz y te cuento lo que en cierta ocasión me dijo en una entrevista, tras confesarme que, a causa de su gran sensibilidad al aburrimiento, no puede concebir una novela sin movimiento, «sin que pase en lugares fascinantes para el personaje o al menos para mí. Trato de reconstituir esa fascinación».

Pero esos lugares deben demostrarle que son novelescos, lo que percibe a través de detalles insignificantes: «Algo que me produce una pequeña emoción va a ser útil para la narración, es como darle a los espacios y detalles un pequeño rol dentro de lo que cuento, como el que le damos a los personajes. Cualquier elemento dispara mis asociaciones: una tienda, un edificio con antenas parabólicas…, cualquier objeto actúa como un disparador cuando comienzo a prepararme para una próxima novela». Entra entonces en un territorio cuyos recovecos y resonancias investiga a fondo: «Hace falta que estos lugares demuestren su pertinencia novelesca, sean generadores de la ficción, lo que no tiene nada que ver con criterios estéticos».

Y en cuanto a la documentación, dice: «A veces viajo a ese lugar. En *Me voy*, una parte del libro tenía que suceder en la India, la tierra de la proliferación y la sugestión, y la otra, en el lugar inverso, el Polo, donde no hay nada más que blanco y frío. Después, me documento durante varios días, mientras escribo el libro, saco fotos, hago notas en el sitio en el que va a ocurrir la historia. Busco los espacios exactos en donde ocurrirán las diferentes secuencias de la historia. O si no viajo hasta ese espacio, me documento lo máximo posible».

Recordatorio

El marco se manifiesta mediante la descripción. Pero no es explicar qué nos transmite una habitación, por ejemplo, sino mostrar su color, el estado de sus paredes, su tamaño, los objetos que hay en ella, etc., de modo que el lector pueda deducir qué sentimiento transmite esa habitación. Es decir, en una descripción significativa, la habitación debe hablarnos acerca de sí misma.

No recurras a la descripción para «adornar» la narración, sino porque cumple una función en la vida del personaje. Pero no relates todos los pasos que da el personaje antes de llegar a un lugar, salvo que en ese trayecto puedas incorporar un indicio que llame la atención del lector.

Conviene que el lugar sea visto por el personaje (que pase a través de su mirada y sus sentimientos) y tenga relación con su historia personal: «Fulanito observó asombrado/espió/evocó/imaginó... las paredes pintadas de azul», por ejemplo.

Asimismo, según el sentimiento del personaje, puedes recurrir a un espacio que dé lugar a una atmósfera propicia para intensificar su emoción.

Al describir un paisaje o un lugar cualquiera, ya presentes una visión general o distintos elementos (pueblos, montes, un río...), procura transmitir la impresión que produce ese sitio: alegría, tristeza, misterio, terror...

DÍA 20. DEL TONO EMOCIONAL

El tono emocional es el matiz de la voz que enfoca y cuenta. La voz dura de una historia de terror no funciona bien en un romance; la voz sensiblera que funciona en una historia de amor puede fracasar en un relato policial.

Por consiguiente, es imprescindible definir el tono vinculado a la mirada del escritor (siempre) y a las vivencias del protagonista (en cada caso). La elección de las palabras, la sintaxis y el ritmo da sentido al universo creado. De ahí el tono absurdo de Kafka (que tiene un matiz diferente en cada historia narrada) o el tono imperturbable de García Márquez para contar lo más increíble de modo que el lector se lo crea.

Ten en cuenta que, según el tono que emplees, un personaje que cae rodando por las escaleras puede resultar trágico, dramático o cómico.

Mientras escribes piensa en la emoción que pretendes trasladar al lector y en cómo puedes jugar con ella, aumentando o rebajando la tensión. Para ello, recurre a los contrastes entre los tonos. Son una de las mejores formas de pasar de la luz a las sombras, de atrapar al lector y mantenerlo atento a la espera de lo que sucederá.

En síntesis, para encontrar el mejor tono, define tu posición frente al hecho narrado, mantén cierta intencionalidad y toma una actitud determinada (solemne, trágica, melancólica, piadosa, aterrorizada, mística, despreciativa...).

Recordatorio

No le otorgues tanta importancia al tema. Es más importante el tono y la aproximación a lo que cuentas que no el asunto que vas a tratar.

Dado que relatar es elegir ciertos hechos y ordenarlos de cierta forma y es el narrador quien decide, no debe seguir el orden de la vida real, donde los sucesos transcurren en el tiempo, independientes de una mirada y una voz que los organiza. Por lo tanto, de cara a escribir tu relato, responde a las siguientes preguntas:

- ¿Quién es el narrador?, ¿quién es el que cuenta la historia? ¿Por qué es este y no uno distinto?
- ¿Relata siempre desde la misma perspectiva o focaliza los hechos desde diversos ángulos?
- ¿Qué tono de voz emplea? ¿Usa el mismo tono de voz desde el principio hasta el final del relato?

Puedes hacer la prueba de reemplazar el narrador elegido por otro y comprobar los resultados. Puedes variar el tono de voz y observar las diferencias.

Dado que lo que se quiere decir está íntimamente relacionado con cómo se dice, es conveniente plantearte estas cuestiones; de esta forma, determinado tema tendrá más fuerza narrado a través de un monólogo interior que de un narrador cámara, por ejemplo.

DÍA 21. DEL FINAL

¿Qué es un final? ¿Cuándo conviene el cese y cuándo el desenlace?

En los finales abiertos todo queda latente, lo más importante nunca se cuenta. La historia secreta se construye con lo sobreentendido y la alusión, con lo no dicho. Carver es el gran maestro de los finales abiertos.

En los finales clásicos, el desenlace se produce con sorpresa y hay un efecto de clausura, de cierre. Entonces, puedes cerrar la historia atando todos los cabos. Aunque también puedes dejar vislumbrar el principio de otra historia. O mantener el misterio abierto para que el lector construya su propia conclusión.

Si se opta por el final como cese, la trama no admite otra continuación; se alivia o se disipa la tensión narrativa, se resuelven todos los puntos oscuros de la narración. *Caballeros de fortuna*, de Luis Landero, acaba con un capítulo en el que se informa acerca de los protagonistas quince años después del suceso narrado en la novela. *Una mujer difícil*, de John Irving, acaba con el reencuentro feliz entre una madre y una hija después de toda una vida (o de toda la novela).

En los finales como desenlace abierto se habla de algo que acabó, pero que puede tomar un desvío hacia otra cosa; o que acabó, pero no sabemos muy bien exactamente cómo. La acción parece interrumpirse, pero ofrece pistas a los lectores, cada uno de los cuales la completará a su manera. *Fiesta*, de Hemingway, empieza nueve años después de los hechos ocurridos, cuando los protagonistas se reencuentran en París. Querer estar juntos y no poder es el hilo conductor de la novela. El final queda abierto, se puede leer como una aceptación del hecho o como una posible esperanza para estar juntos más adelante:

—¡Oh, Jake! —dijo Brett—. ¡Podríamos haberlo pasado tan bien juntos!
—Sí —dije—. No está nada mal pensarlo, ¿verdad?

El final dual acaba con dos efectos contrarios y enlazados a la vez, como en «La noche boca arriba», un cuento de Julio Cortázar en el que un joven sale de su hotel para dar una vuelta en su motocicleta, tiene un accidente y empieza a tener un sueño en el que está huyendo de guerreros aztecas, que buscan prisioneros para llevar a cabo sus rituales, entonces se despierta y se encuentra en un hospital, se vuelve a quedar dormido y vuelve a soñar lo mismo, y así sucesivamente. El personaje principal es el joven que sufre un accidente en motocicleta y es trasladado a un hospital. Por otra parte también es el joven que está a punto de ser asesinado durante un sacrificio azteca. En las últimas líneas, ambas interpretaciones son válidas. Dependerá de cada lector.

El final esperanzador sugiere pistas de actuación que pueden resolver la trama del libro en el futuro.

Matisse dijo que pintar (y podemos hacer el paralelismo con escribir) es «como un juego de cartas» porque antes de empezar uno tiene que saber lo que quiere hacer al final.

Edgar Allan Poe afirmó que todo cuento debía escribirse pensando en que los últimos párrafos ordenarían las vicisitudes de la historia.

Recordatorio

A la hora de escribir el final de tu cuento o novela, las preguntas que te conviene hacerte son:

- ¿Qué deseo remarcar?
- ¿En qué emoción voy a desembocar?
- ¿Será una conclusión o un alto en el camino que abre nuevos interrogantes?

Puedes escribir primero el final y sabrás adónde tienes que llegar.

Terminar una historia significa intuir en qué momento del relato hay que concluirla y saber de qué modo hacerlo.

Para llegar al final, coloca una pista en el inicio y retómala.

RECORDATORIO GENERAL

- Que hayas sacado el máximo provecho de los 21 textos de la primera serie o de las otras tres, que se detallan en el capítulo siguiente.

- Que nada interrumpa la fluidez. Revisa reiteraciones, desconexiones entre las ideas, explicaciones pobres o no demasiado claras.
- Que el orden sea el más acertado.
- Que desde la perspectiva del lector percibas que aportas algo novedoso.
- Que haya reflexiones si el texto lo pide.
- Que se destaque lo esencial.
- Que el tono y el punto de vista sean los acertados.
- Que el texto responda en su conjunto al asunto del que hablas y el protagonista sea el idóneo.
- Que el orden de las partes que componen el conjunto sea el acertado, para lo cual controla la relación entre el inicio y el final.

LOS EFECTOS DE ESTE MÉTODO

Y ahora que ya conoces el método, es Enrique Vila-Matas quien remarca los beneficiosos efectos y la necesidad de escribir cada día. En una conversación que tuve con él hace unos años, me comentó lo siguiente: «Siempre que puedo, escribo a partir de las ocho de la mañana, después de un buen sueño. Escribo hasta la una o las dos de la tarde, que es cuando leo los periódicos y recojo la correspondencia, es decir, entro en contacto con el mundo real. Ni un solo día sin una línea. Escribo en realidad siempre. Siempre estoy trabajando. Todo, para mí, tiene algo que ver con lo que escribiré. No tengo descanso. Como decía Hegel, "aquel que escoge ser literato se condena a pertenecer al reino animal del espíritu"».

7

VARIANTES PARA OTRAS SERIES DE 21 DÍAS

Este capítulo contiene otras opciones con nuevos ejercicios y propuestas para potenciar la creatividad y generar más ideas. Puedes emplear estas series con el fin de completar la serie anterior o puedes hacer la práctica libre. El plan también prevé escribir siete minutos diarios durante un período de 21 días.

PRIMERA OPCIÓN PRÁCTICA

Son 21 ejercicios distintos a los de la serie anterior:

1. Escribe un texto de ocho líneas en el que las primeras siete empiecen por «Me dijo...» y la última, la octava, comience por «Pero no me dijo...».
2. Convierte en personaje a la primera persona que se te ocurra.
3. Escribe un texto en el que el 75% de las palabras contengan la letra *f*.
4. Conjetura acerca de un personaje desconocido en un bar. Observa lo que mira, lo que hace, lo que le interesa, lo que opina, lo que escucha, lo que piensa, lo que recuerda, lo que no recuerda y lo que rechaza.
5. Escribe un texto en el que la gran mayoría de las palabras tenga cuatro letras.
6. Escribe un texto siguiendo estos pictogramas:

7. Escribe desde el punto de vista de un personaje que huye desde una playa una noche sin luna. Solo hay estrellas que iluminan. Pasa cerca de él un transatlántico con todas las luces encendidas.

8. Transcribe los diálogos de una pareja que rompe después de diez años de relación adúltera en un salón de té del centro de Londres.

9. Escribe a la manera de una escritora o un escritor que recuerdes.

10. Escribe un texto de cinco frases a partir de las siguientes oraciones inconclusas:

La esperaba a las tres y . . . .
Es más tarde ahora que ayer. . . . .
Tengo una entrevista en . . . .
Mañana . . . .
El hombre recorrió . . . .

12. Narra un viaje de tres personas en un ascensor antiguo que suben a un sexto piso.
13. Cuenta lo que averiguas a través del tacto al entrar en una habitación oscura.
14. Muestra uno de tus miedos actuales.
15. Escribe un texto único (poema o cuento) completando las siguientes líneas incompletas:

> *Entre los* . . . .
> *más allá de* . . . .
> *bajo llave* . . . .
> *siempre* . . . .
> *Finalmente* . . . .

16. Escribe un texto que contenga las palabras *secreto* y *desconfiar* (conjugado en el tiempo que prefieras).
17. Muestra esta situación como si fuera una película: «El tren iba repleto».
18. Continúa el siguiente relato:

> *Un hombre está sentado en el vagón de un tren, llora, saca un trozo de papel del bolsillo, lo mira, llora con más fuerza. El tren se para.*

19. Retrata a cada uno de los personajes que componen tu yo.
20. Escribe el primer párrafo de un cuento.
21. Plantea las tres acciones principales (los tres núcleos de acción: principio, medio y final) del cuento que iniciaste en el ejercicio 20.

SEGUNDA OPCIÓN PRÁCTICA

Escribir libremente durante siete minutos cada día, sin ejercicios dados, hasta completar 21 días. Esta fue la opción inicial de este método y también se ha comprobado que es eficaz.

La propuesta consiste en escribir tu primera ocurrencia cada día a la misma hora: una observación, una evocación, un sentimiento, un pensamiento, lo que sea. Retomo estas sugerencias de uno de mis libros, *Los secretos de la creatividad*: «Tienes material al alcance de tus manos desde el momento en que formas parte del planeta. Disponerte a captarlo conduce a la larga a un casi permanente estado de investigación y de descubrimiento. El objetivo es captar un motivo dentro de la totalidad, que puede ser externo, una situación como pretexto a partir del cual se concibe una historia, se produce un relato o se escribe un poema, o interno, una conexión especial con uno mismo». Las actitudes esenciales son:

• Prestar atención y registrarlo. El escritor rescata del todo algo peculiar que le otorga sentido al conjunto o busca una grieta por la cual avanzar hasta construir así una nueva totalidad. Me contó Alfredo Bryce Echenique en una entrevista que «para escribir libros hay que tener un empacho de asombro». Y agregó: «Treinta y tantos años después de haber escrito mis primeros cuentos sigo teniendo disciplina, trabajo, y cada vez más corrección para mantener ese tono, esa frescura de estilo para que la gente me siga diciendo: "Oye, ¿tú no corriges cuando escribes?". Que parezca que uno no ha corregido es el secreto mayor que tengo. Mi próxima novela se llamará *Dándole pena a la tristeza*. El título procede de mi ama, que estuvo en mi casa cuidando a tres generaciones de mi familia. Era mestiza. En los ochenta, al regresar de París a Lima, comencé a interesarme por la ama Rosa. Me llamaba Chinito, y la última vez que estuve con ella le pregunté qué tal estaba. Ella me respondió: "Aquí estoy, hijo, dándole pena a la tristeza". Yo creo que pongo toda mi sensibilidad en formas tal vez variables según el tema. Lo que hago es recordar hechos precisos y a partir de ahí invento. No tengo ningún problema en reconocer que parto de la realidad, aunque no soy una persona obsesionada con tomar notas de cada cosa que me ocurre».

- Ponerse metas. Trázate un objetivo: escribir tres párrafos por día, empleando determinadas letras del alfabeto en cada párrafo, inventar distintos romances breves siguiendo diferentes estructuras... De este modo, tienes elementos concretos a los que recurrir para retomar un texto cada día.

- Recrear lo que deseas construir. Aunque partas de lo real y construyas tu historia con datos que todo el mundo conoce, intenta emplear recursos que te permitan otorgarle un sentido novedoso. Atrévete a mirar la realidad a través de tu propio filtro, de modo que sobresalgan los datos que compondrán ese puzle particular. Es decir, elige los materiales para elaborar lo que deseas con lo que te pasa, lo que pasa en el mundo, lo que te cuentan, lo que imaginas, y analiza si los que eliges son realmente los mejores datos, si no son tópicos o poco significativos. Al análisis de la tarea el escritor le dedica buena parte del tiempo de la creación.

- Permitir que la realidad impregne tu mundo mental y te provea de ideas. Déjate llevar por lo que aparece de forma inesperada e incide en tu emoción, en tu sentimiento, que te evoca algo o te genera una impresión especial.

TERCERA OPCIÓN PRÁCTICA:
21 DÍAS PARA ESCRIBIR UNA NOVELA

Lo más importante para empezar una novela es tener una razón para escribirla. Cada una de estas indicaciones corresponde a un día de escritura:

1. Para constituir la trama, traslada de modo sutil esa razón a una idea central.
2. Agrega dos o tres ideas secundarias.
3. Interrelaciona las ideas.
4. Agrega tres o cuatro episodios menores, que más adelante verás en qué capítulos colocas y si finalizan de inmediato o en los capítulos siguientes.
5. Haz un resumen del argumento.
6. Divide el resumen del argumento en diversas partes que originarán los capítulos.
7. Toma nota sobre el contenido de cada capítulo.
8. Decide el orden de los capítulos.
9. Escribe el perfil del protagonista.
10. Bosqueja los personajes secundarios más destacables.
11. Bosqueja los personajes esporádicos que deben aparecer y cuya intervención determinará una crisis o un cambio en el protagonista.
12. Describe las relaciones y algún suceso entre el protagonista y los personajes secundarios y esporádicos.
13. Escribe algunos parlamentos de los diálogos entre los personajes.
14. Escribe algunos pensamientos del protagonista.
15. Decide en qué lugares sucederán los hechos principales.
16. Desarrolla algunas descripciones.
17. Haz una lista de los episodios y escribe la secuencia según su evolución y el orden temporal según su evolución, ya sea cronológico o a partir de un momento particular.

18. Escribe tres puntos de giro o momentos inesperados en los finales de distintos capítulos que permitan variar la dirección de los hechos.
19. Redacta el capítulo inicial.
20. Redacta el capítulo final.
21. Ajusta el tono emocional del conjunto.

El día 22. Lee los 21 apuntes, completa el conjunto y redacta tu novela.

8

IDEAS PARA ARMAR TU LIBRO

Tras la lectura de los capítulos anteriores, habrás comprobado que el placer de escribir no reside en el final del viaje, sino en el viaje mismo. Te has preparado para escribir el mejor libro, has reunido el material, has revivido recuerdos, has inventado, has soñado, te has liberado, has creado. Y tal vez has armado ya tu libro o sabes cómo lo harás. Durante la travesía habrás mirado el cielo y te habrás dado cuenta de que no deja de cambiar. También la vida está llena de sorpresas y en perpetuo movimiento: ¿quién podía imaginar que un virus microscópico sería capaz de poner patas arriba el mundo? Por consiguiente, la flexibilidad y la fluidez, dos condiciones básicas del ser creativo que habrás practicado en los capítulos anteriores, deben seguir siendo actitudes necesarias para armar tu libro. Asimismo, innovar a partir de lo ya existente podría ser tu meta. En este sentido, las listas (estrellas de este capítulo) son inspiradoras. Arriesga tanto con la estructura como con el lenguaje.

EL AVANCE POR LA RUTA

¿Ya sabes por dónde tirar? Sé de muchos que, una vez que completan el plan, se frenan antes de empezar a desarrollarlo. Y de otros que avanzan, pero se desvían de la ruta principal y se pierden.

Por lo tanto, toma este capítulo como un recordatorio para no frenarte ni perderte, pero siguiendo tu propio plan.

Te puede ser de ayuda imaginar un plan y tomar uno de sus puntos, el que te estimule las ganas de escribir, y seguir así sucesivamente. En este caso, coloca los fragmentos escritos en el lugar correspondiente y completa el plan en el orden que te apetezca.

CÓMO SE ORGANIZABA Y CREABA ITALO CALVINO

Calvino recurría a las series, una manera de ser de las listas, y dejaba siempre cierto margen de opciones posibles, dos actitudes esenciales que presiden las sugerencias de este capítulo y que detalla en el prólogo de *Las ciudades invisibles*:

Cuando escribo, procedo por series: tengo muchas carpetas donde meto las páginas escritas, según las ideas que me pasan por la cabeza, o apuntes de cosas que quisiera escribir. Tengo una carpeta para los objetos, una carpeta para los animales, una para las personas, una carpeta para los personajes históricos y otra para los héroes de la mitología; tengo una carpeta sobre las cuatro estaciones y una sobre los cinco sentidos; en una recojo páginas sobre las ciudades y los paisajes de mi vida, y en otra, ciudades imaginarias, fuera del espacio y del tiempo. Cuando una carpeta empieza a llenarse de folios, me pongo a pensar en el libro que puedo sacar de ellos.

Y también es su obra *Seis propuestas para el próximo milenio*:

Al idear un relato lo primero que acude a mi mente es una imagen que por alguna razón se me presenta cargada de significado, aunque no sepa formular ese significado en términos discursivos o conceptuales. Apenas la imagen se ha vuelto en mi mente bastante nítida, me pongo a desarrollarla en una historia, mejor dicho, las imágenes mismas son las que desarrollan sus potencialidades implícitas, el relato que llevan dentro. En torno a cada imagen nacen otras, se forma un campo de analogías, de simetrías, de contraposiciones. En la organización de este material, que no es solo visual sino también conceptual, interviene en ese momento una intención mía en la tarea de ordenar y dar un sentido al desarrollo de la historia; o más bien, lo que hago es tratar de establecer cuáles son los significados compatibles con el trazado general que quisiera dar a la historia y cuáles no, dejando siempre cierto margen de opciones posibles.

LA UTILIDAD DE LAS LISTAS

Las listas te permiten organizar el material. Ray Bradbury hacía listas de palabras como modo de establecer canales de comunicación con el cúmulo de información que llevamos dentro y para desentumecer el músculo creativo. A continuación se preguntaba por qué había pensado en esas y no en otras, y con ellas completaba los relatos.

Estas listas que te propongo son útiles para contemplar el conjunto:

- **Lista 0.** Del sistema organizativo (por si acaso). A veces la creatividad es desbordante. Sin embargo, no se sabe cómo planificar ese desborde. Una opción es abrir varios archivos dentro de una misma carpeta:

  En el 1, borradores e ideas básicas.
  En el 2, lugares.
  En el 3, objetos y curiosidades.
  En el 4, telones de fondo.
  En el 5, motivos temáticos.
  En el 6, distintas escaletas.
  En el 7, posibles inicios.
  En el 8, posibles finales.
  En el 9, fichas de los protagonistas y de los personajes secundarios.
  En el 10, documentación.

En el 11, suposiciones acerca de lo que podría suceder entre los personajes.

En el 12, posibles puntos de giro.

- **Lista 1.** De propósitos no realizados, pero que podrías llevar a cabo.
- **Lista 2.** De autopromesas insatisfechas.
- **Lista 3.** De lo que has aprendido de otros poetas, pintores, cuentistas, novelistas, cineastas.
- **Lista 4.** De listas imprescindibles que pueden aparecer en tu novela. Umberto Eco cita, entre otras, la de *Ulises*, de Joyce, una lista que caracteriza al protagonista: Leopold Bloom abre los cajones y enumera todo lo que encuentra en ellos.

El siguiente fragmento es del cuento «Nada que hacer, monsieur Baruch», de Julio Ramón Ribeyro, que contiene una lista que atañe también al protagonista:

El cartero seguía echando por debajo de la puerta una publicidad a la que monsieur Baruch permanecía completamente insensible. En los últimos tres días había deslizado un folleto de la Sociedad de Galvanoterapia en cuya primera página se veía la fotografía de un hombre con cara de cretino bajo el rótulo «Gracias al método del doctor Klein ahora soy un hombre feliz»; había también un prospecto del detergente Ayax proponiendo un descuento de siete centavos por el paquete familiar que se comprara en los próximos diez días; se veía por último programas ilustrados que ofrecían las memorias de Winston Churchill pagaderas en catorce mensualidades, un equipo completo de carpintería doméstica cuya pieza maestra era un berbiquí eléctrico y finalmente un volante de colores particularmente vivos sobre «El arte de escribir y redactar», que el cartero lanzó con tal pericia que estuvo a punto de caer en la propia mano de monsieur Baruch. Pero este, a pesar de encontrarse muy cerca de la puerta y con los ojos puestos en ella, no podía interesarse por esos asuntos, pues desde hacía tres días estaba muerto.

- **Lista 5.** De los verbos que te afectan a ti y de los verbos principales de tu libro y sus coincidencias o sus divergencias.
- **Lista 6.** De los hechos principales de la novela, la llamada «escaleta de los guionistas». Esta escaleta resulta útil para comprobar el ritmo. La escaleta es la lista de hechos principales de la trama. Esta es la del cuento de *La Cenicienta*:

— Cenicienta vive marginada por su madrastra y sus hermanastras.

— Cenicienta no puede acompañar a sus hermanastras a un baile en el que estará el Príncipe, porque carece de un vestido adecuado.

— Aparece el Hada Madrina, que le trae un vestido y una carroza para que pueda acudir al baile ella también, pero deberá regresar antes de medianoche.

— Cenicienta asiste al baile. El Príncipe y ella se enamoran.

— Cenicienta sale corriendo del baile porque se le hace tarde y pierde un zapato de cristal.

— El Príncipe busca a la dueña del zapato, que es muy pequeño.

— El Príncipe recorre el reino buscando a una joven a la que le quepa el zapato de cristal que perdió su enamorada en el baile.

— El Príncipe da con Cenicienta y ella se prueba el zapato, que encaja perfectamente.

— El Príncipe y Cenicienta viven felices y comen perdices.

- **Lista 7.** De la curva del ritmo y la consecuente atmósfera. El ritmo acertado es el que mantiene al lector pasando páginas sin sentirse perdido o confundido, sin preguntarse hacia dónde va la trama.

- **Lista 8.** Del título. Qué título tienes pensado. Confecciona una lista de títulos posibles para tu obra y pregunta a distintas personas cuál creen que es el contenido que sugiere cada título.

Al fin de cuentas, escribir durante 21 días es también una manera de crear un libro excepcional a partir de una lista.

Que seas feliz escribiendo.

Para consultas y comentarios, me puedes escribir a:

silviadelakohan@gmail.com